Las Dos Barcas

Zarpando hacia la renovación espiritual

Las Dos Barcas

Zarpando hacia la renovación espiritual

Gustavo Riveros y **Lucía Riveros**

Zoéh Editorial Services

ISBN: 979-8-9877250-6-1
Bogotá • Zulia • Miami

www.zoeh.com
Correo electrónico: zoeheditorial@gmail.com
Nro. de contacto: 954-600-2042

Para información sobre descuentos especiales en compras al mayor, por favor, contactar al Departamento de ventas al número telefónico 954-600-242 o mediante el correo electrónico zoeheditorial@gmail.com

Si su iglesia u organización desea que los autores realicen una conferencia o eventos (en vivo o diferidos) sobre este libro, el departamento de Relaciones Públicas de Zoeh Editorial Services se ofrece a gestionar el enlace entre ambas partes, para más información contáctenos.

Dedicatoria

Dedicamos este libro, en primer lugar, muy especialmente, a nuestro Dios y Salvador, Jesucristo, quien ha sido toda nuestra rica y valiosa inspiración. Estamos en deuda con Él por todo y por más.

En segundo lugar, a nuestros queridos hijos, quienes son un regalo valioso que Dios nos dio; a nuestros yernos y nueras, quienes permanentemente han estado apoyándonos en todo este proyecto, unidos a ellos, hombro a hombro, batallando y peleando la buena batalla de la fe en nuestro Señor Jesucristo.

Lo dedicamos también a cada uno de nuestros familiares, quienes han formado parte de nuestra historia.

A nuestra muy querida y amada iglesia que Dios tuvo a bien que fundáramos, la Iglesia Misionera Cristiana Roca Fuerte, y con ella, a todo el cuerpo pastoral, al liderazgo y, en general, a la iglesia de nuestra nación y las naciones donde estamos y hemos podido llegar.

Contenido

Agradecimientos

Navegar en la palabra de Dios, y así profundizar en ella por medio del Espíritu, debe convertirse en la inspiración y hábito de cada cristiano creyente sobre la tierra. Esto, en parte, nos llevó a mi amada esposa y a mí a escribir este libro.

Una obra que Dios nos permitió escribir a pesar de la tempestad que estremeció a las naciones, que golpeó la economía, las relaciones conyugales, las familias, las empresas; un azote en el cual la muerte tocó a las puertas de muchos hogares causando pesares insoportables, como de nunca acabar, pero remediables en Cristo.

El Espíritu de Dios inquietó nuestro corazón y nuestro espíritu; así llegaron estas ideas extraordinarias, y de ahí nace por esa inspiración, nuestro libro *Las Dos Barcas*. En él quisimos plasmar con sumo cuidado, y guardando una completa fidelidad a la palabra de Dios escrita, la Biblia, verdades que les serán de ayuda no solo a nuestra generación familiar, sino también a esa generación de nuevos cristianos creyentes que están llegando a las iglesias en las naciones enteras.

Un libro que será de mucho aporte para la proyección futura de aquellos que no aceptan quedarse enterrados en el pasado ni patinando en el presente ni mucho menos castrando su futuro profético, y más cuando el Señor nos dice que Él tiene para nosotros "pensamientos de paz, y no de mal, para darnos el fin que esperáis". Así lo declara en el libro del profeta Jeremías. Su deseo es entregarnos siempre un mañana mejor.

Es por ello por lo que, mi esposa y yo, agradecemos a nuestro fiel y único Dios por el tiempo en el secreto que hemos tenido con Él, por el cual hemos podido escribir este libro, y esta es una de las muchas razones por las que para Él es nuestra primera gratitud.

Agradecemos a nuestros cinco hijos, nuestros yernos, nueras y a nuestros tres nietos por habernos inspirado y animado a luchar hasta lograr escribir *Las dos barcas*.

Agradecemos también a nuestra hermosa Iglesia Misionera Cristiana Roca Fuerte —la que fundamos hace casi treinta años— por su amor, su confianza, por su espera, por crecer con nosotros y adoptarnos como sus padres; por ser una iglesia en la que hemos aprendido a desarrollar nuestro ministerio pastoral.

Al cuerpo pastoral en Colombia y a las diferentes naciones a las cuales el Señor ha querido y nos ha permitido llevar su palabra, pues unidos con la iglesia en general, nos han abrazado y han confiado en nosotros.

No podemos dejar de agradecer a nuestros queridos pastores Edgar Augusto Rojas y Yolanda Villamil Najar; a sus tres hijos, Edgar Esteban Rojas Villamil, Daniel Felipe Rojas Villamil y David Santiago Rojas Villamil; e incluso a su nuera y sus dos nietos, por su amor, su hermandad, su confianza y amistad incondicional. También, por permitirnos formar parte de su ministerio, Centro Cristiano de Tunja, y de sus iglesias hijas, que han sido plantadas en las diferentes ciudades de Colombia.

A todos muchas gracias. Que sea Dios retribuyéndoles en gran manera.

Prólogo

"Las ideas tienen consecuencias". Quizá esta ha sido una de las frases más confrontadoras y, a la vez, desafiantes para una humanidad contemporánea que se encuentra sumida en un océano de medias verdades, que de tanto repetirse se han convertido en mentiras completas.

A este fenómeno del que les hablo se le llama hoy *posverdad*, el cual inescrupulosamente ha introducido ideologías destructivas de la vida, la familia y la libertad, dejando a su paso una estela de muerte, fracaso y desesperanza para toda la sociedad.

De este fenómeno no ha escapado la cristiandad, por no decir la Iglesia. Esto ha traído consecuencias dolorosas para un gran número de creyentes, quienes con buenas intenciones han seguido a personas, programas e instituciones para a la postre decepcionar y convertir en apáticos corazones los otrora consagrados y apasionados seguidores del evangelio de nuestro Señor Jesucristo.

La manera como vemos las cosas determina el curso de nuestra forma de pensar, sentir y actuar. A esto se le denomina *cosmovisión*; es decir, los lentes por medio de los cuales vemos nuestro entorno, plasmamos nuestras prioridades y determinamos el curso de nuestra historia. De este modo, y de acuerdo con las estructuras de pensamiento, actuamos, ya sea para el desarrollo saludable de nuestras vidas, familias y entornos o, en su defecto, para el desastre y la derrota por generaciones.

En medio de este entorno incierto, relativista y confundido emerge como un faro de luz y como una voz en el desierto este libro, *Las dos barcas*, escrito por una pareja de esposos quienes con su testimonio cristiano, su ejemplo como familia y su credibilidad en el ministerio —por más de tres décadas— han demostrado la manera correcta y certera de moverse en lo sobrenatural de Dios; de evidenciar los milagros, de descubrir las respuestas inesperadas de Dios, pero por sobre todo de entender los misterios revelados de Dios para hombres y mujeres llamados a cumplir una tarea específica o una misión en particular.

En *Las dos barcas* sus autores develan cómo en Dios cada individuo tiene un instrumento apropiado para llevar a cabo los planes perfectos de su Rey; comenzando por oír la verdad de Dios, seguido de creer a la voz profética de sus siervos, como también la obediencia absoluta a la palabra eterna y revelada. Además, estos instrumentos se convierten en inspiración para otros hasta el punto de desbordar todos los pronósticos y expectativas esperadas.

Recomiendo la lectura de este extraordinario libro con el cual creo firmemente que recibirán la impartición plena del don profético dado por Dios a personas como sus autores. De seguro, serán sumergidos en las profundidades de Dios, en las verdades de su palabra y en las oportunidades descubiertas, preparadas exclusivamente para ustedes.

Es de clarificar y puntualizar la demanda, por demás

conocida, de tiempos pretéritos, la clave para vivir en la dimensión de lo profético se resume en esta sentencia: "usted debe vivir lo que predica y predicar lo que vive".

Quiero cerrar con esta reflexión, en la que los invito a reflexionar: "Dios usa la barca de cada uno de nosotros, pero la usa para cumplir su propósito".

Edgar Augusto Rojas García
Pastor presidente
Centro Cristiano de Tunja

Capítulo 1
Punto de encuentro

Amados lectores, sabemos que lo que van a encontrar a lo largo de este capítulo sorprenderá a algunos —por el calibre de su contenido—, mientras que otros se sentirán familiarizados con él, pero un tercer grupo querrá rechazar todo lo que en este se expone; sin embargo, lo valioso que aquí se escribe viene expresado en un lenguaje profético contemporáneo para traer fundamento a quienes lo reciben.

La historia acerca del llamamiento de Mateo es muy conocida, pero no vamos a hablar de este asunto; nos centraremos en el punto de encuentro de Jesús con los hombres, en este caso, con Mateo. En Mateo 9:9 se nos dice que: **"Pasando Jesús de allí, vio a un hombre llamado Mateo, que estaba sentado al banco de los tributos públicos, y le dijo: Sígueme. Y se levantó y le siguió".**

Es bueno conocer que hay siempre un punto de encuentro en donde el Señor Jesucristo llega a la vida de hombres y mujeres que Él quiere llevar a participar de experiencias muy especiales, y así entregarles una tarea, un legado, una visión, un proyecto para que individual o colectivamente se desarrollen.

Es una tarea del reino y para el reino, es decir, un punto de encuentro en donde se establece una relación muy especial en la que el Señor prepara al individuo, informándolo, dotándolo y animándolo a desarrollar lo que le corresponde.

Yo estuve ahí

Yo [Gustavo Riveros], recuerdo aquel maravilloso día en el cual me enojé por lo que un predicador enseñaba desde el púlpito. Hablaba cosas que me animaron a llegar hasta él y golpearlo. Avancé tres pasos para acercarme y, de inmediato, sentí un abrazo amoroso, paterno, acompañado de un susurro a mis oídos que decía: "Gustavo, Gustavo, soy Yo, te amo, te traje para encontrarme contigo". Todo en mi vida comenzó a dar un giro de ciento ochenta grados; los cambios empezaron a hacerse notorios, algo nuevo estaba sucediendo en mí.

Sin el ánimo de ahondar más en el testimonio vivido, fue allí, en aquella iglesia, en medio de la conferencia —y en donde estaban todos los feligreses muy atentos escuchando el mensaje—, cuando mi hombre carnal inmaduramente se alborotó para ultrajar al pastor. Entonces, Jesús me salió al encuentro; en mi punto de encuentro vi el amor y la misericordia del Señor, y cuando Él se interesa en un hombre, una mujer, siempre propiciará un punto de encuentro.

Creemos que al leer este libro renglón por renglón se estará propiciando un punto de encuentro para cada uno de los lectores, y al igual que yo, estarán declarándole a muchos: "También estuvimos ahí, en ese punto de encuentro que fue preparado especialmente para nosotros".

A mí primero

En mi caso [yo, Lucia Riveros], me encontraba al borde de la locura, a punto de renunciar a mi relación con mi esposo por aquellas cosas que muchos conocen (la violencia de él).

Un día mi hermana me llevó a un grupo de oración y —cargada de ese sentimiento de dolor— escuché su dulce voz que me decía: "Yo puedo hacer algo nuevo en tu matrimonio". Este fue mi precioso punto de encuentro que cambió mi vida, así como la de mi esposo, creando para nosotros una nueva historia.

A lo largo del tiempo, del crecer cristiano, hemos podido discernir que Dios está queriendo dar a la iglesia más que una oratoria, más que una poderosa enseñanza rica en hermenéutica, homilética; nos está queriendo dar revelación de Jesucristo a través de su palabra. Es decir, Cristo revelado en el hombre. Por eso es importante el punto de encuentro, porque Dios no se va a revelar a alguien que no haya tenido un encuentro con Él.

La iglesia, el pueblo de Dios que formará parte de la bendición derramada en el nuevo milenio, es quien ha podido recibir la revelación de Jesucristo en sus vidas desde su punto de encuentro. Hoy hay muchos ministros y siervos pidiendo revelación acerca de su ministerio, del desarrollo de su iglesia y su crecimiento, revelación de una visión, de un trabajo o de lo que Dios podrá hacer con ellos.

Estas revelaciones son necesarias, pero lo que Dios primordialmente quiere revelar es a Cristo en el espíritu del hombre que se dispone a su encuentro, y no hay mayor revelación que esta.

Cabeza dura

Cuán difícil es para las personas entender humanamente lo distante que es la carne del espíritu y la relación que estos dos tienen, siendo parte integral del llamado el ser apartados en santidad y comunión íntima con el Espíritu de Dios.

Tristemente, el hombre se ha convertido en el imitador del hombre. Es necesario entender por el espíritu que vamos tras la estatura del varón perfecto. A través de este libro, queremos anunciarle al pueblo de Dios que necesitamos romper con todo paradigma que ha encasillado al hombre en argumentos y estudios intelectuales, no permitiéndoles gozar de lo que viene por el Espíritu de Dios, que es lo sobrenatural. Permítannos decirles algo en un lenguaje coloquial: **Verticalicen una excelente comunión con Dios, para que horizontalicen una buena relación con las personas.**

Si recordamos la palabra, en 2 Samuel 6:16, esta nos dice: **"Cuando el arca de Jehová llegó a la ciudad de David, aconteció que Mical hija de Saúl miró desde una ventana, y vio al rey David que saltaba y danzaba delante de Jehová; y le menospreció en su corazón".**

La expresión "Mical miró desde una ventana" nos deja discernir —espiritualmente hablando— a quien se ha enmarcado y encerrado en un sinnúmero de paradigmas. La ventana es un tipo de marco, esta nos permite ver con toda claridad que Mical estaba enmarcada en religiosidad, intelectualismo, costumbrismo, tradicionalismo, títulos, temores y el qué dirán, y por ello no tuvo libertad en el espíritu para poder discernir, para entender lo que acontecía con su esposo, el rey David.

Por tal motivo, Mical (la cabeza dura) no pudo formar

parte de aquellos que adoraban y exaltaban a Jehová Dios de los ejércitos quien vive por los siglos de los siglos. De esta manera, podemos decir que en la iglesia encontramos a hombres y mujeres que son los y las *Micales* de estos tiempos, con este tipo de restricciones; es decir, paradigmas que los convierten en unos religiosos más del momento.

Entre el pueblo de Dios se encuentran muchas personas con incapacidad para establecer una balanza entre la carne y el espíritu, eso nos ha llevado a desarrollar estas ideas que entraremos ahora a analizar. Necesitamos trabajar con los "cabezas duras" que tenemos dentro de las iglesias, para hacer de ellos esa generación de avanzada, el liderazgo de vanguardia y la punta de lanza que hace la voluntad del Padre.

En el evangelio según Lucas 5:1 leemos:

Aconteció que estando Jesús junto al lago de Genesaret, el gentío se agolpaba sobre él para oír la palabra de Dios. Y vio dos barcas que estaban cerca de la orilla del lago; y los pescadores, habiendo descendido de ellas, lavaban sus redes. Y entrando en una de aquellas barcas, la cual era de Simón, le rogó que la apartase de tierra un poco; y sentándose, enseñaba desde la barca a la multitud.

De inmediato podemos ver que para Simón el punto de encuentro era llamado "Lago de Genesaret" (solo por información mencionamos que es llamado por Lucas "el Lago de Genesaret"; y por Mateo y Marcos "Mar de Galilea").

Sé que Dios nos ha querido bendecir a través de esta porción bíblica al revelarnos todo un episodio espiritual, un cuadro profético con escenas reveladoras de la gracia de Cristo para con los suyos, que nos enriquecerá de manera abundante, trayendo cosas sobrenaturales que marcarán la vida de los que la reciben.

Hablar del punto de encuentro (el Lago de Genesaret)

nos deja ver que estaban allí varios tipos de personas, dice la Biblia que "el gentío se agolpaba sobre Él para oír la palabra de Dios". Cuando habla de gentío nos está dando a entender que muchos hombres y mujeres de todas las edades estaban allí reunidos como en un evento o un espectáculo, como cuando nos reunimos en un estadio de futbol para ver ganar a nuestros equipos favoritos; nos dice también que había un grupo detrás de ese gentío sin saber qué estaba sucediendo, pero estaban allí. Estos son el *Vicente* del dicho callejero que en nuestro país dice: *¿Para dónde va Vicente? Para dónde va la gente.* Estos son los que se dejan arrastrar por las olas del mar, en su ir y venir, regresando con las manos vacías.

Otros asistentes se encontraban allí solo por curiosidad o esperando recibir algo de quien les hablaba, pero la Biblia nos dice también que estaban allí los pescadores que habían descendido de las barcas y lavaban sus redes. Ese punto de encuentro le llega a hombres que están desempeñando sus labores cotidianas. ¡Sí!, a personas que están viviendo el desarrollo de un día normal, cada uno haciendo lo que le corresponde para llevar el sustento a su hogar.

Justo a tiempo

Notemos que el punto de encuentro se da en un día cualquiera, en un momento cualquiera y de una manera inesperada, es decir, Jesucristo llega al encuentro de esta forma, sorprendiendo a muchos. Podemos ver que el punto de encuentro es la oportunidad que nos puede llegar en un momento cualquiera, pero específico, para que por nuestra correcta decisión podamos aceptar a Jesús como nuestro único y suficiente salvador, también para que podamos involucrarlo en todos los asuntos de nuestra vida.

Así vemos que llegó ese punto de encuentro para una mujer de quien no sabemos su nombre, pero sabemos que padecía de flujo de sangre desde hace 12 años y que había gastado todo cuanto tenía para curar su padecimiento: justo en medio de una multitud que apretaba a Jesús (Marcos 5:25-34). Nosotros hemos llamado este punto de encuentro "¡la espalda de los hombres y el manto de Jesús!"

Qué tremenda experiencia con la que se encuentra esta mujer en medio de su sangrado (que podríamos llamarlo un cáncer hemorrágico), y en este punto de encuentro vivió una poderosa manifestación de la presencia de Jesucristo.

Todo aquel que tenga su punto de encuentro con Cristo será marcado con una vivencia que definitivamente cambiará su vida, dejando atrás una vieja historia de acontecimientos dolorosos y comenzando a escribir una nueva historia de muchas oportunidades. Podrá ver que su vida no volverá a ser la misma, muchas cosas en él, y que él hace, cambiarán, incluso las personas con las que se relaciona cambiarán, todo por haber tenido ese punto de encuentro con Jesús.

Los invitamos a buscar este encuentro y que se pongan en "modo renovación", pero para darle paso a estos cambios extremos es importante que vivamos la palabra que el apóstol Pablo en su epístola a los Romanos nos dice: **"No os conforméis a este siglo, sino transformaos por medio de la renovación de vuestro entendimiento, para que comprobéis cuál sea la buena voluntad de Dios, agradable y perfecta"** (Romanos 12:2).

Si no se abren a un cambio y dejan de estar conformes con lo que el mundo siempre les ha servido, de nada les servirá un punto de encuentro con Cristo, porque sus vidas seguirán siendo las mismas; es decir, su escenario no cambiará, no habrá nada nuevo por recibir ni contar. El punto de encuentro con Cristo está diseñado para abrirle camino al futuro profético que el Padre celestial ha establecido para cada uno de sus hijos. Dispongámonos para Él.

La Biblia dice en Lucas 5:2: "Y vio **dos barcas** que estaban cerca de la orilla del lago; y los pescadores, habiendo descendido de ellas, lavaban sus redes". Allí, en el punto de encuentro, estaba Simón Pedro, quien pudo experimentar y dar testimonio de los resultados de este sorpresivo encuentro.

La narrativa bíblica no hace ningún énfasis sobre los otros pescadores que estaban con él, no expresa que en ellos se produjera algún tipo de cambio o manifestación; nos dice también que en este punto de encuentro había **dos barcas**; el escritor es específico al mencionarnos la cantidad, y si está escrito es porque tiene un significado.

No era una ni tres barcas o más, eran dos; lo que proféticamente hablando (por decirlo de esta manera) nos está revelando las dos naturalezas del hombre: la carnal y la espiritual religiosa, que está viciada por el mundo; además, estaban a la orilla del lago, podrían haber estado amarradas para que el vaivén de las olas no las arrastrara, o también podrían haber estado amarradas, la mitad de ellas, en la arena y la otra mitad en el agua (era la forma como se podían tener las barcas para su uso constante en aquel momento).

Las dos barcas nos están revelando la tipología de las dos naturalezas (carnal y espiritual) subyugadas por el mundo (tierra) y amarradas, listas para ser ministradas en este punto de encuentro. Es también aquí donde la palabra nos deja ver otro aspecto relevante al mencionar **que los pescadores descendieron de ellas**, esto nos muestra al hombre natural sin ningún dominio de la carne, y al hombre religioso con su religiosidad; o sea, el haber descendido de la barca y el estar lavando sus redes nos dice que estaban distraídos y desorientados en otros asuntos, y no en los asuntos que les correspondían, o que estaban en sus quehaceres desarrollando sus labores de trabajo en las diferentes áreas correspondientes.

Es importante saber que, en ese punto de encuentro, Cristo nos sorprenderá trabajando en un escenario de cosas variadas, en la productividad o en la improductividad, pero sin Cristo. El escritor se pronuncia diciéndonos que Cristo entró en una de aquellas barcas, y hace énfasis en que era de Simón Pedro, es por esto por lo que decimos que él marcó la diferencia en medio de tantos pescadores.

La Biblia no nos dice la cantidad de pescadores que se encontraban allí, pero sí nos cuenta que otros pescadores los acompañaban en la otra barca. El punto de encuentro es para aquellos que han dispuesto su corazón a lo que Dios, por medio de su hijo, tiene para momentos como esos.

Había un gentío que se agolpaba para oírlo, mas no para encontrarse con Él. Muchos están en los lugares de encuentro cumpliendo con sus votos religiosos, dándose golpes de pecho, repitiendo los rezos, prendiéndole velitas a sus santos, dando sus limosnas, creyéndose santos a través de la señal de la "santa cruz", y salen de aquel lugar así como entraron: vacíos y con una falsa expectativa, creyendo que uno de esos ídolos les traerá tiempos mejores.

Es la gente que espera las fechas del calendario que aparentan ser oportunas para esos encuentros religiosos a los que todos van, es decir, son días que están marcados para ellos como puntos de encuentro en sus templos, hacen lo mismo y nadie es redimido por la sangre del cordero. En nuestro punto de encuentro, Cristo es el único protagonista dispuesto a recibirnos para tener comunión con cada uno de nosotros y darnos a conocer un diseño de vida especial, ofrecido por Él; todo por el amor de nuestro padre celestial por la humanidad.

El lago de Genesaret —llamado Mar de Galilea, como dijimos anteriormente—, es también el lugar de las redes vacías, el lugar donde se trabajó toda la noche y no hubo resultados, es el lugar del fracaso, de la frustración, donde se buscó y se buscó y no hubo respuestas; es el lugar del desencanto, donde no se produjo nada para llevar a casa; es ese lugar donde el tiempo de trabajo fue en vano: pasaron las horas y cruzando la noche vino el amanecer, y lo que se obtuvo fue cansancio, pero ahí estaba Cristo.

No importa el escenario en el que hoy estén viviendo, ni el panorama que el mundo nos esté anunciando, porque ahí será el punto de encuentro, así Cristo lo ha determinado. Él no busca el lugar, sino que llega a las personas, tampoco se enmarca en tiempo de hombres, porque Él es Señor de todos los tiempos; entonces, podemos entender que cuando el Señor nos busca y propicia un encuentro, no lo hará solo para vernos ni para preguntarnos la hora o qué marca de reloj llevamos puesto o si tenemos los últimos tenis del momento. Ese encuentro tiene un propósito profético para nuestras vidas.

Queremos recalcar que no podemos quedarnos enterrados en el pasado, navegando en círculos en el presente y frustrando nuestro futuro profético. Por tal motivo, es indispensable aprovechar cuando nuestro Señor Jesucristo provoca un punto de encuentro, porque allí podremos entender que todo tiene un propósito y un tiempo, pues en las manos del Señor las cosas que acontecen nos ayudan para bien. Cristo se metió en el asunto.

Capítulo 2
Las Redes

... Y los pescadores, habiendo descendido de ellas, lavaban sus redes (Lucas 5:2).

A lo largo de la historia, muchas cosas se han dicho de las redes, especialmente en los comentarios, compendios y manuales bíblicos, también han hecho su aporte los muchos comentaristas y expositores, predicadores de la palabra, entre ellos teólogos, maestros y pastores que en sus diferentes iglesias la enseñan y la exponen.

Podemos decir que las redes son el instrumento usado por los pescadores, con las que trabajan y pescan para así comercializar el pescado que en ella se enredan y llevar el sustento a sus hogares. Esta noble labor ha ido de generaciones en generaciones hasta el día de hoy, por eso, en la canasta familiar ustedes pueden encontrar una gran variedad de frutos del mar traídos por la labor de estos hombres.

Las redes nos hablan de trabajo y oportunidad de trabajo, también nos están diciendo que necesitan uso permanente, con un constante mantenimiento; además, podemos encontrar variedad de redes, con sus diferentes tipos de mallas, en las que no haremos una pausa para entrar en explicaciones.

Cuando la Biblia nos anima a convertirnos en pescadores de hombres, como lo hace en Lucas 5:10: "**… Pero Jesús dijo a Simón: No temas; desde ahora serás pescador de hombres**", y así como también lo expresa en Mateo 4:19 "**y les dijo: venid en pos de mí, y os haré pescadores de hombres**", nos está indicando que como pescadores también se nos entregó una red para tener la capacidad de pescar, un estilo de pescar, un tiempo de pescar y un número ilimitado de pesca para traerlos a los pies del Señor.

Amados, es importante que cada uno conozca cómo está su red; entendamos que Jesús no está allí para criticar, desvirtuar o calificar las formas de pescar y estrategias de pesca, Él vino para traernos una nueva forma de hacer las cosas, es decir, con innovación, para que así seamos efectivos y eficientes al soltar la red en un mundo que está en constante deterioro, en donde a lo malo se le dice bueno y a lo bueno se le dice malo.

Cabe resaltar que Jesús vio a los pescadores lavando sus redes, lo que implica que estos hombres pasaron una noche de trabajo sin ningún resultado y que habían desistido de tener una pesca exitosa, por eso lavaban sus redes, sacudían de ellas las algas enredadas, las piedras, la arena y toda planta marina que se recogía en el proceso.

Eran redes de uso extremo, fueron usadas toda la noche, pero estaban vacías por la falta del preciado producto que debía alcanzarse con la pesca. De quién era el problema: ¿De las redes?, ¿de las aguas?, ¿de los peces?, ¿de la suerte?, ¿del clima?, ¿de los pescadores? También podemos preguntarnos cómo estaban las redes, y sin duda alguna, podemos respondernos con rapidez que estas redes de la historia bíblica estaban en perfectas condiciones para la pesca.

A todos nuestros queridos lectores, a los creyentes y no creyentes, les recordamos que las redes suelen ser: estrategias laborales, comerciales, empresariales; mecanismo *de pesca* para una mejor relación conyugal, familiar, social (que nuestro Señor nos entrega para que logremos ser testimonio en medio de una sociedad sangrante, carente de valores, en donde la familia, la moral, la fe y la unidad están en peligro de extinción); las redes también son estrategias evangelísticas con las que ministros, ministerios, iglesias y concilios trabajan para ganar las almas para Cristo —esto lo hablaremos más adelante—.

Hecha esta reflexión, volvamos a preguntarnos cómo están nuestras redes, pues sabemos que la vida de muchos cristianos, por sus afanes y su alocada carrera, se ha visto enredada en el ardid del desespero, allí son sujetados y oprimidos, perdiendo sus mejores sueños. No se ven muestras de algo nuevo, la "noche" los envolvió en las artimañas de sus malas decisiones, haciéndolos buscar culpables de los fracasos, errores e imprudencias que cometieron en medio de sus torpezas.

Estamos en medio de una sociedad que gusta vivir de comparaciones, la última moda, la crítica, la murmuración, el inconformismo, la sed de poder, la violencia, los atracos, los robos; sumándose también la miseria, la pobreza que está pauperizando al pueblo, y todo esto se observa en un número alto de personas.

Por otro lado, encontramos a una población que vive en su círculo, que cree tenerlo todo y que no le importa pasar por alto o pisotear a quien crea necesario para mantener su estatus, pero encontramos también un grupo de hombres y mujeres llenos del Espíritu Santo profesando el verdadero evangelio, sin embargo, otros sin el Espíritu Santo se encuentran promoviendo una falsa doctrina.

Muchos están trabajando duro en diferentes áreas sociales, pero con un impacto mínimo, otros de ellos con un mal testimonio por los diferentes pecados, quitando con esto el brillo que tiene la iglesia de Jesucristo; podemos decir que las redes de muchos hombres y mujeres están sucias y rotas.

Redes complicadas

Sumado a todo esto, y ampliando este concepto, podemos ver que para muchas iglesias las redes son sus estrategias evangelísticas, como lo mencionamos anteriormente, empleadas para ganar almas para Cristo y darles crecimiento a sus iglesias.

Creemos que, para muchos pastores, misiones e iglesias estas redes de estrategias evangelísticas han sido motivo de polémicas, disgustos y un desaforado deseo de crecer de la noche a la mañana, convirtiendo las redes en copias de métodos de hombres que se experimentan por temporadas para ver si dan los resultados que ellos requieren.

Sí, convirtieron estas redes en los métodos, sistemas y conceptos de hombres que muchos aprueban o desaprueban queriendo traer una nueva metodología de evangelismo para hacer más efectivo el trabajo de sus feligreses, en la búsqueda de la evangelización; y en muchos casos, las exigencias y el excesivo trabajo de esta desbocada carrera de crecer han llevado a la quema y destrucción de miles de lideres y hogares cristianos.

Vemos, entonces, que muchos pastores o ministros en sus iglesias, ministerios, redes ministeriales y concilios han buscado más las redes o métodos evangelísticos de crecimiento, es decir, han buscado más los métodos del hombre que a Cristo. Su preocupación primaria ha sido que ellos, junto a su equipo de trabajo (que en algunos casos incluyen a toda la iglesia) se involucren o conozcan más los métodos de hombre, lo que piensa el hombre, lo que le funciona a algunos hombres que han recibido sus métodos evangelísticos, y no van ellos y su gente directamente a buscar en el secreto la revelación para las estrategias evangelísticas para cada una de sus iglesias, y así, por dirección propia de Dios para ellos, desarrollar su propia y auténtica visión divina.

Por eso vemos iglesias de diferentes denominaciones, pequeñas, medianas o grandes, usando métodos evangelísticos ajenos. Otra situación algo fuerte que se le añade a esto —y que estamos observando— es que muchos pastores están copiando a otros ministerios en su forma de hablar, gestionar, predicar, e incluso tratan de hacer el mismo espectáculo repetido de milagros, lo que deja ver sus redes sucias.

Por tal motivo, estamos viendo ministerios parados en sus púlpitos después de haber *stalkeado* (husmeado) en las redes sociales el perfil de algunas inocentes ovejas, y con base a lo que leyeron de ellos les profetizan para hacerles creer que fue Dios quien les reveló lo dicho; pero también observamos a otros que desde los púlpitos expresan no necesitar la teología bíblica y sistemática para enseñar de Cristo y evangelizar a su pueblo, usan la antropología o su propia teología, y todos sabemos que cualquiera que exponga la palabra de Dios y no tiene la teología bíblica, no tendrá nunca nada que enseñar.

Necesitamos discernir que muchos tienen sus redes vacías, no hay teología, no hay intimidad con Dios ni tiempo de estudio ni de preparación, tampoco han cursado ningún seminario bíblico ni mucho menos han pasado por un proceso de formación; sus redes están sucias y vacías.

En esta concepción o interpretación de las redes, también hemos notado cómo muchos ministerios, en su afán de ganar almas para Cristo, se inventan costosas campañas o cruzadas en donde se alquilan diferentes tipos de escenarios e invitan a algunos ministerios —que solo tienen puestos sus ojos en el signo de los pesos—.

Unido a esto, están los gastos exagerados de transportación de todo el equipo técnico, de personas, y de hoteles, que al terminar las cruzadas o campañas queda como una especie de campo de batalla devastado por la inconformidad de muchos ministros pastores, las deudas, las quejas, las críticas, las murmuraciones, el robo de ovejas ajenas. Y tristemente, las almas nuevas no llegan a la iglesia, las personas supuestamente evangelizadas en dicha campaña o cruzada nunca harán presencia en los templos por falta de seguimiento y otras cosas más.

Aclaramos que no estamos en contra de las campañas y cruzadas evangelísticas, pues hemos visto los buenos resultados de unas cuantas de estas que han tenido dirección de Dios para guiarlos en su realización, y no por las intenciones del corazón del hombre. Nos urge aprender a ser mesurados, es decir, buscar el equilibrio al realizar nuestras campañas o cruzadas evangelísticas, porque lo correcto no es invertir mal el dinero de la iglesia en el mundo, sino que el dinero del mundo sea bien invertido y recaudado en los asuntos de la iglesia.

En los casi treinta años de haber dado apertura a nuestra iglesia, y con ella las iglesias hijas, hemos realizado unas cuantas cruzadas evangelísticas en donde hemos experimentado todo tipo de resultados; por tal motivo, animamos a los ministerios a que sigan realizando este tipo de actividades que, de una u otra manera, ayudan al crecimiento y formación de las iglesias. Además, mi esposa y yo hemos participado —juntos e individualmente— en muchas de las campañas realizadas en diferentes ciudades de nuestro país y en otras naciones.

La condición de las redes

Nuestra exhortación va enfocada hacia la capacidad de distinguir y responder en qué estado se encuentran nuestras redes para la preciosa tarea de evangelizar, porque vemos también que muchos pastores y pastoras extienden sus redes para llevar a hombres y mujeres manipulados (casi que con sus ojos vendados) a suplir en ellos sus deseos sexuales, materiales o económicos después de haberlos convertido en marionetas de sus gustos y exigencias. Sabemos que tienen las redes en mal estado, sucias, rotas y vacías, con las que solo pueden contaminar a todos los que se enredan y quedan atrapados en ellas.

Como pueblo de Dios y ministros del reino con la mente de Cristo, hablar de las redes como estrategia evangelística nos permitirá reflexionar sobre una proyección y un panorama bastante amplio. Hoy, esta labor llamada estrategia para evangelizar (las redes de evangelizar) se ha puesto a un lado, están arrumadas porque es más fácil sacar las ovejas de otro redil, que buscar las perdidas. Estos "pescadores" tienen sus redes empolvadas, llenas de telarañas por la falta de uso.

En nuestro paso por el caminar ministerial, hemos podido ver cómo este asunto de tomar las ovejas ajenas se ha convertido en una batalla campal, generado por la falta de vergüenza, respeto y el desconocimiento de la ética o el rehusarse a aplicarla.

Por eso vemos también a pastores relegados en el camino con una serie de heridas profundas contra otros ministerios, por los abusos vividos. Podemos llamar la condición de estas redes "las redes evangelísticas sin ética ni moral", cuyo empleo nos ha permitido observar que quienes las echan son como aves de rapiña que pelean por un trozo de carroña frente a los ojos de mucho pueblo sin Cristo y dentro del mismo pueblo de Dios.

Cosas como estas dejan ver que el vaivén de las olas del diario vivir, la presión y demanda del sistema, incluso la sociedad posmoderna va arrastrando las redes de muchos sin un rumbo conocido, por eso encontramos iglesias y ministerios que no tienen norte, nacieron y se desarrollan en una vida ministerial y eclesiástica desordenada.

Redes útiles

Es hora de que todos podamos levantarnos a revisar nuestras redes y a ayudar a chequear las redes de aquellos que lo permitan, para que podamos tener un mejor funcionamiento de la red de evangelismo y del trabajo de la iglesia, dando un mejor testimonio a una comunidad alcanzada y a la no alcanzada por Cristo, a fin de poder ver mejores resultados de la labor eclesiástica.

Las redes también nos hablan de los talentos, los dones y todo el potencial que tiene el individuo tanto en lo natural como en lo espiritual para desarrollar con inteligencia toda labor que involucre su gestión personal, familiar, profesional y empresarial, de modo que pueda ser usada como un aporte beneficioso en el desarrollo de la visión.

Queremos explicar un poco más esto: constantemente el ser humano se enfrenta a retos adaptativos o técnicos, y si no está preparado para enfrentar los cambios, fácilmente puede aparecer una frustración en lo personal.

Esta frustración tendrá influencia en lo familiar, en los grupos, en los equipos, en el liderazgo, e incluso podría golpear el resultado de estos talentos, dones y el potencial que hace de la persona un recurso especial para el desarrollo integral de su familia, iglesia y hasta de su empresa o lugar de trabajo, porque tiene dones y talentos se hace apto para desempeñar cualquier cargo dentro de estos ambientes cumpliendo así con las competencias exigidas para el mismo; esto revelará su liderazgo y su autogestión.

Como cristianos tenemos la mente de Cristo, y esto nos hace aceptos para desarrollar nuestro potencial, convirtiéndonos en un liderazgo que transciende de una mente a otra por medio del desarrollo de nuestros dones, talentos y todo el potencial que desarrollamos en nuestra gestión de trabajo en el campo que seamos puestos. Por eso creemos que este tipo de redes no pueden extinguirse en la iglesia, no deben morir, debemos dejar un legado que forme destino y que vaya cambiando en el tiempo y al paso de su historia.

Para este mundo y esta generación que cambian permanentemente, debemos tener en cuenta a hombres y mujeres que serán *las redes* capaces de adaptarse a la administración que hoy por hoy se nos entrega por escenario. El apóstol Pablo nos dice en 2 Corintios 3:6: "**El cual asimismo nos hizo ministros competentes de un nuevo pacto**". Somos una generación que tiene y produce valores porque somos ministros competentes de un nuevo pacto, y esto sería hoy un nuevo escenario.

Un ministro competente se caracteriza por aportar del conocimiento que tiene a otros hombres y mujeres que podríamos llamar *recipientes*, ya que somos portadores de la verdad, el verbo, Cristo, la palabra, somos sabiduría celestial andante, Dios nos da de su sabiduría para que sea bien administrada, **"y si alguno de vosotros tiene falta de sabiduría, pídala a Dios, el cual da a todos abundantemente y sin reproche, y le será dada** (Santiago 1:5). Así pues, amados, la exhortación es también a darle el mejor uso a los talentos, los dones y el potencial que tenemos en nuestros hogares, iglesias, negocios y empresas.

Podemos decir que las redes, de igual modo representan la capacidad de ponernos en los zapatos de otros, esa capacidad llamada también "empatía" (el estado mental en que uno mismo se identifica con otro grupo o persona[1]). Como hijos de Dios necesitamos comprender los sentimientos y emociones que experimentan los demás, para que así podamos llevarles un evangelio con mayor efectividad, dándoles a ellos no lo que quieren oír, sino lo que Dios sabe que necesitan.

Así como el sol sale para todos, así son las circunstancias que van sucediendo en el desarrollo de los días o de los tiempos, circunstancias y acontecimientos a las que todos estamos expuestos, siendo unos más vulnerables que otros.

En Éxodo 35:30-35 podemos leer:

Y dijo Moisés a los hijos de Israel: Mirad, Jehová ha nombrado a Bezaleel hijo de Uri, hijo de Hur, de la tribu

---

[1] Larousse Diccionario Enciclopédico 2000.

de Judá; y lo ha llenado del Espíritu de Dios, en sabiduría, en inteligencia, en ciencia y en todo arte, para proyectar diseños, para trabajar en oro, en plata y en bronce, y en la talla de piedras de engaste, y en obra de madera, para trabajar en toda labor ingeniosa. Y ha puesto en su corazón el que pueda enseñar, así él como Aholiab hijo de Ahisamac, de la tribu de Dan; y los ha llenado de sabiduría de corazón, para que hagan toda obra de arte y de invención, y de bordado en azul, en púrpura, en carmesí, en lino fino y en telar, para que hagan toda labor, e inventen todo diseño.

De este texto podemos entender que "las redes" nos hablan y nos llaman a ser una generación innovadora y creativa para no caer en lo que ya hablamos (eso de copiarnos de otros sus metodologías), y al ser una generación innovadora y creativa nos irá caracterizando de una manera muy especial nuestra originalidad.

Redes comunicativas

Si somos una generación innovadora y creativa tendremos grandes opciones de puertas para entrar y salir, de estilos, de formas, de métodos para mejorar, solucionar y transmitir o comunicar algo de manera más práctica, atractiva, novedosa y muy eficaz, porque si no nos renovamos nos estancamos. De aquí la importancia de no sentir vergüenza o miedo de hacer cosas nuevas, locas, pero con fe, creyendo que serán ideas, propuestas y proyectos valiosos.

Todo esto hace que las redes también nos hablen de la comunicación efectiva, por eso el sabio Salomón dijo en Proverbios 13:17: **"El mal mensajero acarrea desgracia; Mas el mensajero fiel acarrea salud".** Si queremos que nuestra labor y desempeño en lo personal y en el contexto de la iglesia sea efectiva para alcanzar una gestión que destaque, es necesario que podamos comunicarnos con efectividad.

Notemos que en la historia de Lucas 5:4 Jesús le dice a Simón Pedro: **"Boga mar adentro, y echad vuestras redes para pescar".** En otro episodio bíblico registrado en Juan 21:6, Él les dijo: **"Echad la red a la derecha de la barca, y hallaréis".** Cuando hay una comunicación con mucha efectividad en las redes se tendrán los resultados requeridos. La mala comunicación genera pérdidas, las redes no serán efectivas, se perderá su labor, la información por más buena que sea, al ser mal comunicada, pierde su efectividad, y *lo que no informa deforma.*

Capítulo 3
¿De quién es la barca?

¿De quién era la barca? Para responder esta pregunta podemos leer nuevamente en **Lucas 5**, que en el versículo 3 dice: **"Y entrando en una de aquellas barcas, la cual era de Simón".** Este detalle es importante, pues no debemos olvidar que al comienzo de este libro dijimos que las dos barcas a la orilla del lago son la tipología de las dos naturalezas, la carnal (naturaleza humana) y la espiritual (naturaleza espiritual), pero se nos dice que Jesús entró en una de aquellas barcas, y no en las dos; es decir, que Jesús entra en la barca que refiere a nuestra naturaleza espiritual.

Podemos comprender que a Jesús lo conocemos de manera espiritual, Él se quiere revelar a nuestro espíritu entrando a nuestra barca espiritual; porque lo espiritual solo puede entenderse a través de nuestro espíritu, no hay otra manera de conocer la revelación que trae el Espíritu Santo que andar de manera o forma espiritual.

Esto parece un trabalenguas, pero es una idea sencilla, el apóstol Pablo nos dice en su carta a los romanos **"El Espíritu mismo da testimonio a nuestro espíritu de que somos hijos de Dios"** (Romanos 8:16). La barca era de Pedro (conocido como Simón en sus inicios). Hoy podemos decir que la barca, es la de cada uno de nosotros, los que recibimos a Jesús por el Espíritu para gozar de las bendiciones, enseñanzas, ministraciones, exhortaciones y revelaciones espirituales que este trae.

Juan 8:32 dice: "**Y conoceréis la verdad, y la verdad os hará libres**". Cuando disponemos nuestra *barca* (naturaleza espiritual) para que Cristo entre y more en ella, esta se convertirá en la *barca* que trae libertad para comenzar a vivir una vida de acuerdo con el reino de Dios desde la tierra. Comprendamos, entonces, que una de sus dos barcas (la de naturaleza espiritual) fue diseñada por nuestro Padre, Dios, para que a través de ella conozcamos y vivamos con Cristo, desarrollemos una vida cristiana, y así llevemos nuestras dos naturalezas al servicio de Dios mediante la extensión y el establecimiento de su reino.

Nos dice también la escritura, en Lucas 5:3 "**que le rogó a Simón que la apartase de tierra un poco**". Recordemos que al hablar de "tierra" nos referimos a lo natural, al mundo, lo mundano o la muchedumbre. Esto indica que para que la barca tenga efectividad y pueda vivenciar lo espiritual es necesario que nos apartemos del común, del bullicio, del pecado, del tumulto de la gente que distraídos están en sus quehaceres, para que así podamos recibir una impartición de lo espiritual. No pretendamos sacar de lo natural cosas espirituales.

Nuestro espíritu tiene una forma especial de crecer, y es entrando por el espíritu en una comunión íntima con Cristo, quien es el verbo y quien debe ser encarnado en cada una de las barcas que tienen un espíritu y corazón dispuesto y enseñable, para que de este modo podamos actuar como una generación espiritual que recibe de fuente segura la palabra de Dios.

Barcas apartadas

Apartarse es clave. Apartarse un poco, un poco más y lo lograremos: una alabanza más, una oración más, un paso más, un perdonar más, un poco más de estudio de la palabra, una milla extra más para que así podamos alcanzar objetivos. Eso sería dar más de lo que necesita más.

La frase "apartar un poco la barca de la tierra" nos dice que el Señor quiere entrar en tiempos de calidad en intimidad con cada uno de nosotros, de enseñarnos los secretos muy guardados que encontramos en su palabra para así poder llegar al corazón de muchos. Nuestra *barca* es, entonces, un instrumento dispuesto a apartarse del común e introducirse en el secreto, así como en lo reservado de su presencia, con el fin de llenarnos del conocimiento que perfila a una generación espiritualmente entendida en su manifestación, en lo profético; entendida en los tiempos.

Apartar nuestra *barca* es salir de lo que comúnmente la gente sin Cristo se acostumbró a hacer, para introducirnos en lo que es exclusivo de aquellos que están dispuestos y atentos al llamado que el Señor nos hace. Muchos nos han dicho que necesitamos ser muy espirituales para oír la voz de Dios, pero en realidad lo que necesitamos es ser verdaderamente obedientes. Tenemos que despertar hambre y sed por Él, y decir como el salmista decía: "Mi alma tiene sed de Dios" (Salmos 42).

La narrativa bíblica nos dice que Jesús le rogó a Simón para que apartara un poco la barca de la tierra. Esto nos deja ver el amor, la delicadeza, el respeto y la humildad con que Cristo nos quiere dar de Él; lo contrario del diablo, que violenta y hace lo que le viene en gana, o como dice el dicho callejero: *el diablo entra como Pedro por su casa*. Es de resaltar que Jesús, el buen maestro, tiene paciencia con nosotros para podernos impartir de su conocimiento, de sus enseñanzas y de toda la riqueza que estará formando el carácter de hombres y mujeres espirituales.

No estamos llamados a ser violentos con ninguna barca espiritual, es decir, no podemos violentar a ninguna persona que no haya sido alcanzada para Cristo, tenemos un gran ejemplo de esto en Jesús, quien entró a la barca de forma respetuosa y enseñó su palabra. La historia bíblica no nos dice que Jesús nos dio una conferencia con palabras persuasivas de humana sabiduría, sino que usó un lenguaje sencillo y entendible; Él es nuestro mejor ejemplo.

El apóstol Pablo nos da otro ejemplo de cómo enseñar la palabra en 1 Corintios 2:1-5:

> Así que, hermanos, cuando fui a vosotros para anunciaros el testimonio de Dios, no fui con excelencia de palabras o de sabiduría. Pues me propuse no saber entre vosotros cosa alguna sino a Jesucristo, y a este crucificado. Y estuve entre vosotros con debilidad, y mucho temor y temblor; y ni mi palabra ni mi predicación fue con palabras persuasivas de humana sabiduría, sino con demostración del Espíritu y de poder, para que vuestra fe no esté fundada en la sabiduría de los hombres, sino en el poder de Dios.

Jesús no entró en la barca de Pedro exponiendo un discurso de elocuentes palabras, sino que con mucha sencillez edificó a Simón y a la multitud que estaba a la orilla del Lago de Genesaret; nosotros, como barcas espirituales, debemos tomar este ejemplo y ser portadores de un evangelio que se enseñe de forma sencilla, pero con una eficacia y profundidad características de nuestro gran maestro.

Nuestro buen Jesús se sentó en la barca, allí enseñó al dueño de esta, y desde allí ministró enseñando a toda una multitud. La barca sin Jesús no tiene sentido, no se hace un instrumento de honra, no se convierte en un motivo de pesca ni llegará a ser inspiración para nadie.

Es importante resaltar que, desde la barca, Jesús enseñaba a la multitud. Nosotros tenemos claro que cuando en la barca esta Jesús, es decir, cuando somos portadores tanto de la palabra como de su revelación, estaremos capacitados para llevar a otros a los pies de Jesús y enseñarlos; podríamos decirlo de una forma coloquial: somos "barcas logos", "bibliotecas celestiales navegantes". Si en nuestra barca hay contenido de reino seremos portadores de revelación, de las señales, maravillas y milagros que Dios dispuso para cada uno de nosotros.

Barcas dispuestas

Nos hemos convertido en la *barca de Simón*. Hoy, nosotros, que somos de sus escogidos, entramos a *nuestra barca*, a nuestro ser, para activar los motores que llevarán mar adentro todo el contenido enseñado y aprendido, con el propósito de tener todas las experiencias que Él ya ha diseñado para vivenciarlas y llevar a otros a vivenciarlas.

Como ministerio apostólico, profético y con un corazón pastoral y paterno es importante que les preguntemos lo siguiente: ¿Cómo están sus barcas?, ¿en qué estado se encuentran?, ¿sus barcas están dispuestas y disponibles?, ¿siguen amarradas a la orilla?, ¿están sus barcas en el mismo lugar de siempre, en donde solo las cosas del mundo se sienten?, ¿son de los que mantienen su barca en medio del común, viviendo una vida de simplezas en donde solo hay relación con los hombres?

Nuestro deseo no es calificar, criticar, juzgar ni mucho menos menospreciar la condición en la que cada uno pueda tener su barca; nuestro mayor deseo es que a través de este libro no solo las redes sean restauradas, sino que sus barcas puedan llegar a estar dispuestas y disponibles para lo que el Señor Dios todopoderoso tiene, desea y quiere hacer con cada uno de nosotros.

¿La barca de quién será escogida para estos tiempos que estamos viviendo? Notemos que la década anterior se cerró en el año 2020, y su cierre fue bastante catastrófico por una pandemia que se desencadenó con terribles sucesos, menguando en todas las áreas a la humanidad, opacando el panorama y encegueciendo a muchos de un modo que no veían salida alguna a tan terrible situación. Seguido de esto, comenzamos una nueva década que va desde el año 2021 al año 2030, década que comenzó con la pospandemia, mostrándonos un panorama que para muchos resulta bastante desolador y confuso, de un futuro que parece incierto.

La barca que será escogida para estos tiempos deberá ser firme, determinante, radical y de un alto contenido de la palabra; una barca que navegue en santidad, en integridad y en intimidad con Dios, para que pueda ser de respuesta a las demandas de una generación manchada, golpeada, sangrante y en terrible decadencia.

Pensemos en esto: el Señor tiene muy claro cuáles serán las *barcas* que va a escoger para sentarse en comunión con Él, enseñarlas y edificarlas, para que a través de ellas otras también puedan ser igualmente bendecidas, y así luego invitarlas a bogar mar adentro.

Si ustedes han sido seleccionados para llenar sus barcas de las enseñanzas escritas en su palabra, ustedes son unos privilegiados por ser portadores de las buenas nuevas y por tener el contenido de un conocimiento que está a la vanguardia. Sus barcas fueron escogidas con sumo cuidado por el Dios omnipotente, omnisciente, quien pondrá en cada uno un sello espiritual, llevándolos a marcar la diferencia.

Las barcas que Jesús está escogiendo no serán elegidas por tener una madera de buen pino, roble o una extraordinaria encina ni mucho menos por tener una latonería con diseños de barcas de guerra, de lanchas rápidas o de simples barcazas; las barcas que Jesús escoge son aquellas que tienen un corazón y un espíritu dispuesto, entendido y afín a Él.

Barcas instrumentos

Somos *barcas* con la capacidad portante y el cupo suficiente para que sea abordada por todo lo que el Señor ha establecido para cada una; la barca es también un instrumento, un recipiente con el que Dios quiere tener momentos específicos para que, al apartarnos del mundo, "la orilla", "la tierra" y todo lo que es común y natural para el hombre, podamos tener una nutrida experiencia con Él.

Fuimos hechos instrumentos, vasos de honra en sus manos para ser usados para su gloria. Creemos que a muchos les ha llegado la hora de que, con rapidez, muevan sus barcas de ese estado de inercia en donde solo el mundo se mueve y no hay una comunión con el Cristo de la gloria.

La descripción bíblica resalta muy especialmente que los pescadores habían descendido de las barcas. Esto nos está mostrando a aquellos hombres y mujeres que han perdido el control de su naturaleza tanto natural como espiritual.

Queremos ampliar un poquito más este concepto: recordemos que dijimos que las dos barcas indican la tipología de nuestra naturaleza, y descender de la barca que corresponde a la naturaleza del hombre es no tener el control de ellas, permitiendo entonces que el apetito carnal, los deseos de la carne no tengan freno, entonces, se harán manifiestas las obras de la carne; junto a esto, también la naturaleza espiritual contaminada, es decir religiosa, vida de religiosidades, rindiendo culto a dioses ajenos, idolatrías y siendo arrastrada por diferentes vientos de doctrinas.

Queridos lectores, recuerden que sus barcas se convertirán en instrumentos y vasos de honra solo y exclusivamente cuando sean apartadas para Cristo. No podemos dejar de lado esto, porque nuestra mente será renovada cuando le permitamos a Cristo ser nuestro contenido, y no nos conformaremos a este siglo, como nos dice el apóstol Pablo en su libro a los Romanos. Teniendo a Cristo en la barca podremos tener identidad; conocerlo a Él es desarrollar identidad; y cuando tenemos identidad viene la asignación de lo que Él quiere que desarrollemos.

Notemos que si Cristo está en la barca todo se tendrá que condicionar a la voluntad de Dios, ya que Él, a través de la enseñanza de su palabra, nos estará dejando conocer esa buena voluntad de Dios, agradable y perfecta; y si Cristo está en la barca, la voluntad de Dios se tendrá que manifestar porque el Señor puso en nosotros el propósito divino; entonces, preparemos la barca no solo para ser movida de tierra un poco, sino para que sea el instrumento ideal para estos tiempos.

Retomemos otra vez lo dicho sobre los pescadores: estos se ocuparon en lavar las redes (Lucas 5:2-11); cuando perdemos el control de la barca estaremos distraídos haciendo cosas que no corresponden al tiempo que estamos viviendo ni a la labor que nos fue asignada, ya que la red es lavada cuando no se volverá a la pesca por un buen tiempo. Esto hará que la desorientación sea mayor y se haga más difícil apartar la barca de tierra un poco.

Barcas de navegar diferente

La barca no fue diseñada para estar permanentemente anclada, estancada y detenida a la orilla del lago, Dios diseñó nuestra barca especialmente para estar separada de la orilla y navegar mar adentro. Nuestra barca (como instrumento y vaso de honra) no fue creada para vivir haciendo lo que el mundo hace; somos de acciones diferentes; estamos y vivimos en el mundo, pero no somos de este mundo.

Fuimos creados para ser esas barcas de paso, que como aviones a propulsión a chorro vayamos dejando huellas en el camino al desarrollar la voluntad de Dios y cumplir con todo lo que su gestión demanda de cada uno de nosotros. Oramos para que sus barcas estén listas, dispuestas y disponibles para recibir al cordero inmolado, quien por el Espíritu Santo de Dios nos revelará toda la verdad, y nos llevará a marcar la diferencia.

Para esta gran labor a la que estamos llamados en esta década y con esta generación, no es suficiente una barca, por tal motivo, necesitamos cientos de barcas que Él pueda usar para llevar su palabra hasta los confines de la tierra, sin preocuparnos por el tiempo, y ocupando el tiempo que sea necesario. ¡Convocamos a un buen número de barcas para que le cumplamos la tarea al Señor y marquemos la diferencia, aunque no sea el mejor de los tiempos!

Si sus barcas están ahí, es porque el Señor las escogió, estamos completamente convencidos de que el Señor ya conocía bien a Simón Pedro e, incluso, a los que estaban allí con él. Jesús entró en la barca de Simón, y por lo que notamos, este método de enseñanza fue exitoso para el reclutamiento de otras barcas. Si sus barcas fueron reclutadas, no tiene ningún sentido que estén varadas a la orilla, sin hacer nada. Queremos hacer énfasis en esto, Dios quiere sus barcas para usarlas como instrumento, y así reclutar otras barcas, llegándole a muchos, para tocar las naciones y, especialmente, a las naciones donde están ustedes.

Cuando Simón se proponía a retirarse para descansar, después de lavar sus redes, surge el llamado de Jesús necesitando su barca para una labor extraordinaria, de momento, sin previo aviso; entonces, le fue necesario volverse a subir en su barca para cumplir con el pedido que le hizo Jesús.

Lo que queremos que se tenga en cuenta es que Jesús, al terminar de enseñar, le pidió bogar mar adentro y tirar la red para pescar. Cuando el Señor nos llama o nos comisiona no podemos navegar nuestra barca sin la red, la barca siempre debe llevar la red, porque barcas sin redes no los hace pescadores; y redes sin barcas son inútiles porque se quedan en tierra, se quedan en solo estrategias entre los hombres, y en medio del mundo.

Capítulo 4
Una enseñanza previa

En Lucas 5:3 **dice: "... Y sentándose, enseñaba desde la barca a la multitud".** Las cosas tenían que comenzar con una enseñanza para Simón, los pescadores que estaban con él y todo ese gentío, porque nadie podrá hacer o comenzar algo que involucre al Reino de Dios sin una previa enseñanza, ya que ninguno nace aprendido; y es que para que ellos pudieran ver lo que vendría después, era necesaria una enseñanza previa (incluso en los asuntos naturales se cumple este principio).

Una persona no puede pararse en el quirófano de un hospital para operar a un paciente sin haber sido capacitado para ello, porque de lo contrario no estará operando para sanar a ese paciente, más bien lo matará. El doctor requiere de una enseñanza previa que lo capacite, que lo haga acto y lo apruebe.

Nadie se para frente a los estudiantes de un aula para enseñar una materia sin haber tenido una previa enseñanza; mucho menos una persona, por más cabeza dura que sea, se pone un traje de bombero y sale a apagar incendios sin previa preparación. Así podríamos darles muchos ejemplos similares, pero lo importante es entender que no podemos lanzarnos a desarrollar una labor sin el conocimiento que requiere. Nos urge la enseñanza previa, para que hagamos con excelencia aquello que necesitamos desarrollar en el campo espiritual, y no mediocremente, arruinando lo que se quería hacer. Evitemos las pérdidas y vergüenzas que traen malos testimonios.

El apóstol Pablo le dice a Timoteo: **"No un neófito, no sea que envaneciéndose caiga en la condenación del diablo** (1 Timoteo 3:6). Podemos decir que un "neófito" es un inexperto, alguien que apenas comienza el camino hacia algo y no tiene la enseñanza, el conocimiento, y por tal motivo no es apto para la tarea.

Esta es la razón por la que estamos viendo animadores profesionales en muchas iglesias, con falacias y elocuentes mensajes antropocéntricos que solo se enfocan en intereses propios; encontramos a otros que sin conocimiento teológico se lanzan a enseñar sus ocurrencias; si no tenemos una previa enseñanza, no enseñemos; si no tenemos, no sabemos, no digamos ni hagamos nada. No queremos profundizar en esto, solo queremos ratificar que, si no se tiene tanto la enseñanza como el conocimiento, fácilmente se estarán cometiendo errores que podrán causar daños irreparables.

Barcas con conocimiento

Quien no tiene el conocimiento, la capacitación y una enseñanza previa no podrá llevar la antorcha de la luz de la verdad, para alumbrar el camino de oscuridad por los que muchos transitan, si no se tiene la luz de la palabra solo se enseñará tiniebla. Un ignorante no puede pretender enseñar a otro sin una enseñanza previa, si no estamos listos ni preparados, no nos movamos, no comencemos lo que no se conoce, el reino de Dios no puede ser vivido ni enseñado con suposiciones ni razonamientos humanos o improvisaciones.

Simón no se precipitó, no corrió a salir, no hizo uso de su barca, no movió su barca hasta que recibió completamente la enseñanza. No hubo interrupciones, él no interrumpió. Fue necesario esperar que Jesús terminara su enseñanza, porque de lo contrario solo se devolvería a la tierra de donde lo llamó el Señor o se pondría a navegar a la deriva. Notemos que el mismo Simón y los compañeros que lo acompañaban a la orilla, esperaron por la enseñanza que los preparaba y autorizaba para desplazarse de aquel lugar hacia lo no conocido, mar adentro.

Cuando el Señor nos prepara con sus mensajes y enseñanzas estaremos listos para entrar en aquellos terrenos desconocidos, en aguas profundas, y con probabilidades de fuerte agitación, aguas embravecidas, en donde soplan con más fuerza los vientos, y si no tenemos esa preparación previa sucumbimos. Cuando atendemos al buen maestro y a su buena enseñanza, no lo estamos ayudando a él, nos ayudamos a nosotros mismo. Seamos sabios y escuchemos su enseñanza.

Barcas oidoras y hacedoras

El escritor de Lucas 5:1-11 nos cuenta que momentos antes: **"en el lago de Genesaret, el gentío se agolpaba sobre Jesús para oír la palabra de Dios"**, era un gentío de oidores, pero no hacedores de la palabra, del mensaje enseñado por Él; gente del montón, del común y corriente. Son muchos los que tienen comezón de oír, oyen lo que sea, todo lo quieren oír, pero no están reteniendo lo que les fue enseñado, es decir, "lo que entró por un oído, salió por el otro" (dicho popular

49

callejero), y cuando entra por un oído y sale por el otro, se continuará hueco, vacío y sin conocimiento.

Los que oyen y no retienen están vacíos de la palabra, de autoridad y de amor, son huecos sin fondo, sin contenido, siguen buscando con qué llenar ese vacío, ese hueco. No son enseñados, instruidos, edificados ni formados; no crecen y nunca podrán tener el conocimiento, y sin el conocimiento se vivirá una vida de desaciertos, errando en las decisiones. Una enseñanza previa puede llegar a convertirse en la luz del faro que guiará la barca, en el salvavidas del momento, se convertirá en la carta de navegación que le señalará la ruta marina por recorrer. La vida está llena de enseñanzas por aprender. ¿Estamos dispuestos a aprender?

Amados, les repetimos cuán importante se hace una enseñanza previa para salir, no podemos salir sin tener el conocimiento de lo que iremos hacer. No podemos salir como a la ventura, desorientados sin saber a dónde, cuándo y hasta cuándo; esto sería como golpear la nada, un esfuerzo perdido.

Los pescadores necesitaban de una enseñanza previa a ese desafío que venía, y eso es lo que hoy nosotros también necesitamos. David, siendo muy joven, mientras cuidaba las ovejas de su padre tuvo su enseñanza previa con los osos y leones para luego poder enfrentar un gran desafío llamado "Goliat" (esto nos enseña 1 Samuel 16, 17); desafío que no pudieron superar el Rey Saúl ni su ejército ni todo el pueblo, ¡por cuarenta días! Estaban paralizados, conmocionados por ver a aquel hombre tan grande. Sin una enseñanza previa ni se nos debe ocurrir enfrentar esos desafíos que demandarán preparación.

Simón y sus compañeros no saldrían a cualquier trabajo ni mucho menos en el tiempo adecuado, tampoco estarían en el lugar indicado, ellos se exponían a algo nuevo, pues estos hombres estaban acostumbrados a pescar de noche y no mar adentro (más adelante ampliaremos este concepto). Su desafío era incierto, y por tal motivo se requería de una buena preparación.

Necesitamos entender que una persona que está preparada se anticipa a los posibles riesgos, problemas, dificultades e incluso a esas cosas que llegan de forma inesperada. Asimismo, una persona preparada se anticipa a las posibles soluciones que llegarán a ser respuesta en el camino, facilitando el buen desempeño de su tarea.

Barcas originales

Hoy, el juego de la repentización se ha vuelto costumbre en las diversas esferas de la sociedad. Muchos de los políticos de nuestra nación y otras naciones, al no tener la enseñanza previa y el conocimiento se les hace fácil improvisar, dejando en evidencia su falta de preparación.

El desempeño de Jesús fue todo lo contrario, Él gozaba de hacer todas sus labores de forma variada, por eso vemos una serie de milagros irrepetibles en todo sentido, podemos notar cómo lo hizo con los ciegos o con los leprosos, y así con otros milagros más. Jesús, cuando se sentaba a enseñar, siempre captaba la atención de una multitud y los enriquecía con las parábolas.

Si tenemos enseñanza previa, seremos barcas originales, no solo tendremos el contenido, tendremos la palabra, y las palabras serán la imagen de nuestra mente, y el tono con el que las expresemos reflejarán nuestra actitud, pero también se hará importante el enfoque que les demos, porque ellas mostrarán nuestro interés.

Si no tenemos la enseñanza previa, ¿qué nos representará? Muchas veces pensamos y creemos que el carro que tenemos, el reloj que portamos, los zapatos que usamos, la ropa que vestimos o el peinado que nos hacemos nos representa, y esto se convierte en la imagen de nuestra personalidad.

Solo el conocimiento ganado en la enseñanza que el Señor nos haya dado —junto a nuestros estudios seculares— serán suficientes para mostrar de nosotros a la persona adecuada, así como para superar cualquier exigencia de la sociedad cambiante en la que hoy vivimos, y la que a muchos los ahoga, presiona y angustia sin permitirles un respiro, causando en ellos mucho daño. La iglesia de Cristo necesita un remanente que tenga enseñanza previa.

Cada creyente, por deseo de Dios, debe ser enseñado en todo lo que se refiere al reino del Padre a través de la palabra; por tal motivo, juega un papel muy importante su disposición, para poder desarrollar vida de reino aquí en la tierra, es decir, trabajar en la tarea para la cual ha sido llamado, de lo contrario se convertirá en un evangélico más, un religioso.

Muchos están buscando cómo profesionalizar más sus carreras, y van por la enseñanza previa, pues quieren alcanzar nuevos niveles laborales, y para esto tienen que cumplir con lo requerido, de modo que puedan alcanzar ese escalón deseado, porque si no se tiene la enseñanza y el conocimiento se estarán estancando, por lo que sus vidas productivas se verán afectadas.

Si no tenemos la capacidad para discernir que quien nos está hablando no tiene conocimiento para enseñarnos, huyamos bien lejos, nos haremos un favor porque no estaremos siendo enseñados, por el contrario, iremos como una oveja al matadero.

Hay quienes, no teniendo enseñanza, insisten en querer enseñar a otros. Ojo: personajes como estos tienen un corazón mal intencionado, quieren sacar algo de ellos, sus intereses están muy distantes de querer ser de bendición para sus vidas, porque no tienen nada para aportarles, y cuando no se tiene nada para aportar a los demás, se estará quitándole a los otros.

Hemos llegado al evangelio para dar buenas nuevas, para ser barcas originales, llenas de él, de su inspiración, por ello, recibimos el conocimiento previo, nos volvemos oidores y hacedores de la palabra, nos renovamos, nos convertimos en barcas originales y permanecemos sedientos ante su presencia.

Barcas sedientas

Todos necesitamos de buenos maestros que nos aporten las enseñanzas correctas, además, necesitamos tener espíritu enseñable, nobleza para ser enseñados, oídos atentos y corazones dispuestos, porque cuando somos enseñados, podremos enseñar.

En muchas naciones está creciendo una generación carente de enseñanza, por eso los vemos tirando piedras en las calles, destrozando el bien público, atacando a las fuerzas del orden, no sujetándose a las autoridades, pero cuando son amonestados o retenidos exigen sus derechos. Están equivocados al hacer mal y no querer ser enseñados y corregidos.

En la historia de Jesús y Nicodemo, este se muestra con mucho escepticismo al preguntarle: **"¿Cómo puede un hombre nacer siendo viejo? ¿Puede acaso entrar por**

segunda vez en el vientre de su madre, y nacer?" (Juan 3:4), luego le vuelve a preguntar en el versículo 9 **cómo puede hacerse esto**. Pareciera que la respuesta de Jesús fuera un tanto irónica, pero en realidad fue una exhortación pedagógica para sacar de él toda altivez, presunción o arrogancia que lo cegaba y no le dejaba aceptar la enseñanza innovadora que traía este joven maestro. Jesús, el hijo del carpintero le respondió preguntando **"... ¿eres tú maestro de Israel, y no sabes esto?"** (Juan 3: 10).

Es el deseo de Jesús ser nuestro maestro de esa enseñanza previa que traerá a cada uno el fundamento para levantar en nosotros a ministros competentes de un nuevo pacto, y no a una generación de orgullosos sin personalidad ni carácter definido, que dudan y vacilan frente a su mensaje, porque nada bueno tendrán para dar.

¿Puede un maestro no saber de estas cosas? Podríamos preguntarlo también de otra manera: ¿Puede un portador de mensaje no tener contenido y desconocer de lo que debe enseñar? Rueda un dicho en las calles que dice que *soldado prevenido no muere en guerra*, y este dicho lo podemos llevar al ámbito espiritual.

Necesitamos la enseñanza, porque teniéndola no seremos sorprendidos ni avergonzados, tampoco nos haremos esclavos de la sabiduría y conocimiento de otros, pero para ser ese maestro con contenido primero debemos estar sediento de una enseñanza previa que venga por un idóneo, que enseña con prontitud y veracidad, señalará los problemas, pero dejará ver soluciones; quizá cierre algunas puertas, pero sin dudas abrirá otras; nos dejará buenos recuerdos y nos mostrará un mañana mejor; nos indicará los lugares de oscuridad, pero nos lleva a la luz. Qué confortable es tener quien nos dé enseñanza.

Queridos lectores, la buena enseñanza es sabiduría

para nosotros, se convierte en un manojo de llaves para abrirnos puertas idóneas, se introduce en nuestra mente para ponernos a pensar, y así permitirnos navegar por el río de la creatividad; para el que la desea, ella viene, no se niega, se hace fácil de encontrar.

La enseñanza previa habla sabiduría, aclara conceptos, se hace pública, no está en un banco, o en una caja fuerte, pero hay que estar sedientos de ella y, por tanto, buscarla, porque ella quiere llegar a nuestras vidas para que la enseñemos; es herencia para otros, un regalo para quien no la buscaba, una piedra de tropiezo para el que la aborrece, una inspiración para el que sueña y una herramienta para el que la usa; es un bastón para el que cojea, una silla para el cansado, un vaso de agua para el sediento. ¿Quién no está sediento de una enseñanza previa?

Lucas 5:3 dice: **"Y sentándose, enseñaba desde la barca a la multitud".** Para todo creyente, después de haber aceptado a Jesús como su Señor y Salvador, la enseñanza previa debe ser el fundamento de esa nueva vida que comienza, en donde largo camino le resta. Si Cristo no se sienta en nuestra barca, en el hombre interior —el espiritual—, si su mensaje no está en nuestros corazones para que nuestra boca lo hable, nuestra enseñanza no será del amor, del perdón y la reconciliación que Él da, serán solo conceptos de hombres, razonamientos e intelectualismo.

Aprovechemos el cuarto de hora en la intimidad con Dios, porque llega con el mensaje previo para cada temporada, y la temporada siguiente vendrá con nuevo conocimiento, y la próxima también. Su enseñanza viene siempre renovada, es progresiva, va en crecimiento, con mayor revelación, edificando cada vez más en nosotros. ¡Corramos por ella!

Mantengámonos centrados en lo que el Señor nos

enseña, en lo que nos aporta, no en lo que dicen otros, ni en las opiniones de los muchos ni en lo que anuncien en la prensa, la radio, la televisión o las redes sociales; de ellas solo recibiremos quejas, chismes e información del mundo, Oigámoslo a Él, pues no encontraremos fuente de enseñanza más segura que la que nos da el Señor.

Para el joven e inexperto profeta Samuel, el mensaje previo a su oficio no vendría por boca del sacerdote Elí, sino por revelación directa de Dios, para que la anunciara en Israel —tarea que desempeñó ejemplarmente—. Para la gran ciudad de Nínive, el mensaje previo a su arrepentimiento —ese que les traería perdón de Dios— se dispuso por voluntad Divina que viniera de la barca de Jonás (la persona de Jonás), quién puso trabas para cumplir su labor. En el huerto del Edén, se escogió a Adán para entregarle el mensaje previo que permitiría mantener al hombre de acuerdo con la voluntad de Dios, en intimidad y santidad con Él, pero este falló, y hasta el día de hoy el pecado y la desobediencia es su marca. ¿Están las barcas listas para el mensaje que debemos llevar?

Capítulo 5
Frente a un imposible

El Señor siempre invierte para ganar, y no espera ganar sin haber invertido. Ya que no hay imposibles para Él, de la nada lo hace todo, y de lo poco hace mucho. Notemos que la multiplicación nunca será una opción, pues es una orden de Dios para su pueblo, porque todo lo que el Señor llama, lo bendice y tiene que multiplicarse. Los cielos están abiertos indicándonos que todo está dispuesto para los que creemos, veamos sus manifestaciones a nuestro favor.

Job 8:7 dice: **"Y aunque tu principio haya sido pequeño, Tu postrer estado será muy grande".** Muchos podrán tener sus redes vacías, en las que ni el agua es retenida, pero esto tiene solución, lo importante es que no nos resignemos a las redes vacías ni al estancamiento. Ojo, no tenemos excusas para no ir mar adentro, es una orden la multiplicación de esa pesca que ustedes están haciendo, ya el Señor así lo destinó.

Cuando nos encontramos cara a cara con aquellos imprevistos que vemos como insuperables, cuando creemos que no tenemos las fuerzas, el conocimiento ni las estrategias (momentos en los que nos vemos desnudos y el frío nos acobarda), es ahí, donde nos encontraremos con la mano poderosa de Dios, ayudándonos a pelear y a superar la situación.

Sabemos que un buen número de cristianos están como en su último escalón, donde ya no hay para donde más bajar, su descenso ha sido abrumador, a tal punto que desestabiliza su fe, es gente que está al final de la soga, a punto de ahorcarse porque no hay luz de nuevos recursos o solución, están en un ambiente que hemos llamado: ni la muerte tiene el poder.

Ni la muerte tiene el poder

Para Simón, así como para el resto de sus compañeros, fue una noche muerta e improductiva, sus redes nunca se llenaron, lo único que había eran las ganas de llenarlas, el deseo de lograrlo, pero pasó la noche completa, sus sueños de negocios se hundían y no se pescó, a estos pescadores se les moría su reputación; la efectividad y capacidad de pesca estaba muerta.

Compartimos con ustedes una experiencia que a mí y a mi esposa Lucía aún nos conmueve. Particularmente, yo, Gustavo, nunca borraré de mis recuerdos, aquel día, viernes 19 de julio de 1991, a las 12 del mediodía: mi esposa (con ocho meses de embarazo) y yo, imprudentemente, nos subimos a una pequeña motocicleta para desplazarnos desde nuestra empresa de textiles, que estaba ubicada en el centro de la ciudad donde vivíamos hasta nuestro hogar, a unos 25 minutos.

Sobre la avenida, el conductor de un automóvil Renault

4 hizo un cruce prohibido a la izquierda y nos atropelló. Mi esposa cayó al suelo, luego caí yo con la motocicleta encima de ella y de su vientre. Ellas murieron en el acto: su posición era rígida, sin ningún movimiento, su vientre muy pronunciado y la bebé no se movía.

Me levanté conmocionado, golpeado, desorientado, y miraba a todos lados para encontrar el vehículo que nos accidentó, que se encontraba a unos 30 metros. Mientras caminaba hacia el automóvil, la mujer que lo conducía comenzó a gritar repetidamente: "¡Los maté!, ¡los maté!".

Entonces, me volví para ver a mi esposa, y estaban allí un médico con dos enfermeras, y con su fonendoscopio auscultaron el corazón de ella y los latidos de la bebé. El doctor, con un tono de voz muy alto decía: "¡Están muertos!, ¡están muertos! Llamen a la policía, el bebé está muerto, la madre está muerta, no dejen ir a los conductores, la madre y el bebé están muertos".

Desde donde yo estaba también comencé a gritarles al médico, a las enfermeras y a la multitud —que en cuestión de segundos aparecieron de la nada—: "¡No están muertas, no están muertas!", y no paré de gritarlo hasta que pude llegar hasta donde estaba mi esposa y mi bebé, a quién llamamos Natalia Isabel; tomé a mi esposa por los hombros, pero las personas que estaban allí me la querían quitar.

En ese momento comencé a declarar la palabra en fe sobre mi esposa y mi bebé en su vientre. "Esposa resucita, bebé resucita; esposa resucita, bebé resucita", y dije también: "¡Señor, tú has dicho que cosas mayores haremos en tu nombre, por eso, bebé resucita en el nombre de Jesús, esposa resucita en el nombre de Jesús!", esas eran las palabras que venían a mis oídos muy fuertemente en ese momento, y después de repetirlo varias veces sucedió lo imposible.

Sucedió lo imposible

A nuestros amados lectores les preguntamos ahora: ¿Cuál imposible están enfrentando? Como en todas las historias en las que Dios está en el centro, lo imposible puede suceder cuando menos lo esperamos, y así nos sucedió a nosotros.

De una forma sorprendente mi esposa se soltó de mis brazos y se quedó sentada haciendo movimientos de atrás hacia delante sin parar, justo estaba yo y esa multitud de personas que gritaban frente a un imposible que se hizo realidad. Muchos querían alzarla, todos vociferaban dando declaraciones de lo que creían: "llévenla a la clínica", "están vivos, traigan una ambulancia", etc.

A todo aquel que se le acercara, ella quería morderlo, no pronunciaba ninguna palabra y de su oído derecho salía un chorro de sangre con mucha fuerza; como pudimos la llevamos en un taxi a una clínica cercana, en donde rápidamente fue atendida por cinco especialistas que no daban un buen diagnóstico ni de su estado ni del de la bebé.

Únicamente daban un reporte clínico nada alentador a su padre, quien era médico ginecobstetra. Le decían que en cualquier momento su hija moriría y debían con urgencia extraer a la bebé, de quien ellos sospechaban que, por los golpes, habría sufrido problemas en su cabecita y columna; en pocas palabras, mi esposa y mi bebé podrían morir.

De acuerdo con el reporte médico, mi esposa y mi bebé muy probablemente morirían. Todos los recursos ya se habían agotado, y tanto clínica como humanamente no había nada más por hacer, solo esperar a que las dos colapsaran y murieran. ¡Nos encontramos frente a un imposible! Fue ahí donde pensé: en lo humano y clínicamente no puedo hacer más, pero en lo espiritual sí.

A las 6 pm aproximadamente reuní a los médicos y enfermeras que quedaban allí después de toda una tarde de duro trabajo y esfuerzo, y les dije: "¡¡¡Yo les garantizo que a mi esposa y a mi bebé las darán de alta este lunes 22!!!". Recuerdo cómo una enfermera se desplomó al piso, ya que en ese momento había una presencia fuerte de Dios.

Queridos lectores, ese lunes 22 de julio de 1991 dieron de alta a mi esposa, y la bebé nació el 20 de agosto, tan solo un mes después del accidente. Estuvimos frente a un imposible que solo la mano de Dios, por su intervención, nos ayudó a superar, dejándonos ver sus bondades y misericordias. El Señor no se olvidó de mi familia ni de mí, y tampoco se ha olvidado de ustedes.

No importa cuál es el imposible frente al cual puedan encontrarse, griten por fe, el único idioma que oye cualquier imposible es el que se habla en fe, a pesar de, por encima de, y no importa qué. Dios tiene siempre la última palabra, entonces, ¡alimentemos la fe para que la incredulidad se muera de hambre! Hay un lenguaje que solo lo puede entender todo lo que tiene el sello "es imposible".

Nota curiosa: creemos de manera muy personal, es decir, en nuestro parecer, que nuestros lectores tendrán la libertad para pensar y fijar un criterio sobre lo que narraremos a continuación. Nosotros como familia pastoral, quienes hemos navegado por tan grande experiencia, creemos que fue el sello y la firma que el Señor puso a su milagro sobrenatural sobre aquello que nos aconteció, como marcando su obra imposible.

En la mañana mi esposa se puso un par de aretes en forma de lágrimas grandes, de esa fantasía fina de color oro,

61

costosa; pero después del accidente en sus orejas no había aretes. Mi cuñado, el hermano menor de mi esposa, pasó por el lugar del accidente unas pocas calles atrás de la clínica, y allí tirado vio el arete de la oreja derecha, dañado, se raspó contra la carretera, dejando unas rayas de color oro; él lo recogió, mientras que su esposa recogía en el jardín infantil a Judith, nuestra hija mayor, quien tenía tan solo 6 añitos.

Cuando iban camino a nuestra casa, Judith metió su manita en su bolsillo y se pinchó con el arete que a su mamita le faltaba en su oreja izquierda, la del lado contrario del accidente. ¿Cómo llegó a su bolsillo? ¿Qué fue eso? ¿Cómo pudo ser posible? Muchas preguntas me asaltaron en aquel momento, sin embargo, estas se disiparon cuando sentí un abrazo amoroso y oí la voz de mi Padre celestial diciéndome "¡fui Yo, hijo mío, mostrándote mi gloria!". El Señor estaba dejando un sello, una marca que señalaba esa obra imposible para el hombre, hecha posible por Él.

Dejando la orilla

Leamos en Lucas 5:1-11 la historia que nos inspiró este libro:

Aconteció que estando Jesús junto al lago de Genesaret, el gentío se agolpaba sobre él para oír la palabra de Dios. Y vio dos barcas que estaban cerca de la orilla del lago; y los pescadores, habiendo descendido de ellas, lavaban sus redes. Y entrando en una de aquellas barcas, la cual era de Simón, le rogó que la apartase de tierra un poco; y sentándose, enseñaba desde la barca a la multitud. Cuando terminó de hablar, dijo a Simón: Boga mar adentro, y echad vuestras redes para pescar. Respondiendo Simón, le dijo: Maestro, toda la noche hemos estado trabajando, y nada hemos pescado; mas en tu palabra echaré la red. Y habiéndolo hecho, encerraron gran cantidad de peces, y su red se rompía. Entonces hicieron señas a los compañeros que estaban en la otra barca, para que viniesen a ayudarles; y vinieron, y llenaron ambas barcas, de tal manera que se hundían. Viendo esto Simón Pedro, cayó de rodillas ante Jesús, diciendo: Apártate de mí, Señor, porque soy hombre pecador. Porque por la pesca que habían hecho, el temor se había apoderado de él, y de todos los que estaban con él, y asimismo de Jacobo y Juan, hijos de Zebedeo, que eran compañeros de Simón. Pero Jesús dijo a Simón: No temas; desde ahora serás pescador de hombres. Y cuando trajeron a tierra las barcas, dejándolo todo, le siguieron.

Simón, aparece por primera vez y da su primer paso de obediencia. Había pasado toda la noche trabajando fuertemente en la pesca, estaba cansado, fatigado, frustrado y extenuado. Nadie podía esperar que Simón tuviera el ánimo o la disposición para aceptar llevar a Jesús en su barca más allá de la orilla.

Simón estaba listo para regresar a descansar a su casa, y no para volver a entrar en su barca después de una noche traumática que dejó sus redes y su barca vacía, pero sorpresivamente obedeció, respondiendo favorablemente a la petición que le hizo Jesús.

Nos dice la narrativa bíblica en Lucas 5:4 que **"cuando terminó de hablar, dijo a Simón: Boga mar adentro, y echad vuestras redes para pescar"**. Nos sorprende Simón, el pescador cansado, fatigado, frustrado, extenuado, quien estaba a punto de dar un segundo paso de obediencia frente a un imposible; lo que Jesús pedía no era posible, él no era un pescador, nadie lo conocía en esta labor. ¡Qué petición tan fuera de foco, tan rara!

Aquí el pescador era Simón y, por supuesto, él sí sabía dónde encontrar los peces, pero trabajaron duro toda la noche donde sabían que abundaban, y no hubo resultados, se desaparecieron los peces; ahora, ¿cómo obedecer a una petición imposible de pescar en pleno día y mar adentro?

Simón está frente a un imposible. ¡Nadie rema donde no hay agua! Y no cabía en la cabeza de ellos volver al mar para intentarlo nuevamente, el sentido común de cualquier experto pescador le estaría gritando a sus oídos que no había razón ni siquiera para pensarlo.

Obedecer a la voluntad de Jesús muchas veces nos pondrá frente a imposibles, ante estas circunstancias debemos comprender que nuestros conocimientos, capacidades y experiencias jamás conquistarán los imposibles, ni tienen un manual que nos indiquen cómo navegar en ellos. Si Jesús no va en la barca, es mejor no tomarse la molestia de querer volver al mar; es mejor dejar la barca amarrada a la orilla y seguir lavando las redes o correr a la casa y ponerse a jugar ajedrez.

Los desafíos vienen, ¿cómo los enfrentaremos? ¿Llevaremos la barca, las redes, la obediencia y la fe? De la orilla hacia el mar adentro está el desafío, es decir, en el camino de la obediencia, cumpliendo la voluntad de Dios, nos encontraremos frente a un imposible que lo podremos pasar/navegar si en la barca va Jesús, con fe. Este es un asunto que le concierne solo al hombre espiritual que está en cada uno de nosotros.

Métodos, experiencias, estilos, formas, vivencias, tradiciones, lugares, tiempo y todo lo que expone el razonamiento, nunca serán suficientes para que logremos hacer realidad esos imposibles; no caben ni tienen la forma para que puedan ser parte de la clave para navegar al otro lado de los imposibles, la clave se llama: fe.

Si en nuestra barca no hay fe, no navegaremos en aguas profundas, solo estaremos muy cerca de la orilla, en donde lo mucho que se puede profundizar será hasta la cintura. Pero amados, ya llegó la hora de ponerle a la barca un motor fuera de borda, para que podamos navegar mar adentro.

¿Cuál sería entonces el imposible para Simón y los otros pescadores? Además de cambiar su estilo, su manera de pescar, su metodología, el tiempo, su zona de pesca segura (porque por generaciones lo hacían como lo aprendieron), ahora, se sumaba el tener que ir en pleno día mar adentro, bajo un sol insoportable, cuando se siente el movimiento fuerte de las aguas profundas con sus olas; y esto jamás lo habían probado, pues ellos no quebrantaban lo tradicional.

Aquí lo vemos con lo que argumentó Simón: **Maestro, toda la noche hemos estado trabajando** (Lucas 5:5). Parafraseándolo podríamos decir:

Esa no es nuestra forma de hacerlo, no es la tradición, no es lo aprendido, el clima no es el adecuado. En pleno día nunca hemos lanzado las redes, eso para nosotros es un imposible, siempre pescamos de noche, que es como sabemos y aprendimos hacerlo, porque es como se pesca; y durante la noche no pescamos nada. ¿Cómo hacerlo ahora de día, si así fue como se nos enseñó que no se pesca porque no hay peces?

Cuando navegamos con Cristo y somos puestos frente a un imposible, la pesca, la conquista, la victoria nunca dependerá de enseñanzas, tradiciones, métodos, estilos o cuanta cosa haya puesto el hombre de lo que nos enseñaron ni de ninguna circunstancia humana, climática o natural, porque la última palabra la tiene el Señor junto con la fe que tengamos; identifiquemos el imposible para que por Cristo lo podamos vencer. Estamos diseñados para que superemos toda prueba en Él.

Ningún imposible es más grande que la gloria de Dios, y a Él nada lo detiene. Cuando nos sentimos menguados, Él es más fuerte; podemos leer un ejemplo de ello en la Biblia en Juan 5: 6-7. En el estanque de Betesda, Jesús vio a un hombre que había padecido una enfermedad por 38 años:

> Cuando Jesús lo vio acostado, y supo que llevaba ya mucho tiempo así, le dijo: ¿Quieres ser sano? Señor, le respondió el enfermo, no tengo quien me meta en el estanque cuando se agita el agua; y entre tanto que yo voy, otro desciende antes que yo.

Notemos lo que le pregunta Jesús: "**¿Quieres ser sano?**", él tenía 38 años enfermo y sin poder llegar al agua para ser sanado, ahora, podemos preguntarnos cómo lo lograría, si por tantos años esto había sido un imposible para él.

La razón, el tiempo, la incapacidad, su enfermedad, la multitud que se adelantaba, el miedo, la falta de fe, la desilusión, el trauma, su sentimiento de impotencia, la indiferencia de la multitud egoísta, todo esto se atravesó, convirtiéndose en "su imposible", que le decía "ya no hay nada que hacer", "así terminará tu vida y morirás". De allí la respuesta que le dio a Jesús: "**Señor, le respondió el enfermo, no tengo quien me meta en el estanque cuando se agita el agua; y entre tanto que yo voy, otro desciende antes que yo**" (Lucas 5: 7).

Esto lo podemos parafrasear también como: "Señor, estoy frente a mi imposible, sí, yo he querido ser sano, pero por 38 años no lo he logrado, ya no tengo solución, estoy condenado a terminar mi vida así". Por eso el Señor lo confrontó con su imposible, y si Él está metido en el asunto, entonces hay solución, salud y vida. Cada uno de ustedes, amados lectores, cruzarán su imposible, solo dejemos a Cristo actuar, Él trae esa palabra que rompe con el miedo y los imposibles.

Cuando estemos frente aquello que veamos como imposible, no usemos la razón, no desviemos nuestra visión, no dejemos de mirar a Cristo. Pedro, dejó de mirar a Jesús y miró la furia de los vientos y las aguas embravecidas, entonces comenzó a hundirse hasta que la mano del señor lo sacó a flote.

Esa queja por las circunstancias económicas puede ser dirigidas al banco, al juez, al abogado, a la policía, a los hombres, ¡pero la fe debe ser dirigida al Señor que todo lo puede! Ya que los imposibles no los ganan los hombres, pero el Señor sí.

Al leer la historia de Abraham y Sara podemos entender más profundamente este asunto, ya que ellos eran de edad avanzada, y a ella ya le había cesado la costumbre mensual. Por la actitud de Sara, el Señor tuvo que decirles: **"¿Hay para Dios alguna cosa difícil? Al tiempo señalado volveré a ti, y según el tiempo de la vida, Sara tendrá un hijo"** (Génesis 18:14).

Humana y biológicamente entender que esta pareja pudiera tener hijos era algo imposible, pero cuando estamos en medio de un imposible propuesto por Dios, Él lo hará realidad; por eso les dijo **"al tiempo señalado volveré a ti"**, eso significa en el tiempo kairós, que es el tiempo en el que el Señor se mueve, pero sigue diciendo: **"Y según el tiempo de la vida, Sara tendrá un hijo"**, esto significa en el tiempo cronos, tiempo de gestación, tiempo de la vida, nueve meses de gestación.

Podemos entender que el Señor les estaba diciendo:

Aquello que es imposible para que ustedes lo logren, porque humanamente ya están quemados, yo lo haré posible, lo haré realidad en mi tiempo kairós, y tocaré sus cuerpos para que en el tiempo cronos se geste en nueve meses la vida de su hijo, lo que no pudieron hacer ustedes en lo natural, yo lo haré sobrenaturalmente.

Jesús, en el lago de Genesaret, le habló a Simón en plena luz del día y en circunstancias que para los pescadores no correspondían, no eran normales, como no se hacía, y le dijo: **"Boga mar adentro y echad vuestra red para pescar"**. A nuestros queridos lectores los invitamos a no seguir mirando las cosas imposibles como inalcanzables, hoy Cristo nos da la esperanza, para que se hagan posibles. ¡Comencemos a mirar con los ojos de la fe!

De cada uno de nosotros se debe desprender una generación que navega sobre los imposibles, estamos llamados a dar a luz una generación que se multiplica y que es multiplicadora, que tiene el ADN de la multiplicación y para la que nada le queda grande.

Capítulo 6
Frente a un timón sin dirección

La vida de muchos cristianos se hace muy parecida a la de aquellos marineros que no se pueden permitir distracciones ni cambiar el punto fijo de su mirada porque, como hijos de Dios, saben que sería desastroso desviarse del camino, dando giros a la izquierda o a la derecha sin dirección. Nuestro deber es concentrarnos y enfocarnos para que así mantengamos el equilibrio, firmes hacia adelante, concentrados en el objetivo, en la meta.

Podemos ver a muchos cristianos y no cristianos, que están en situaciones de inestabilidad, en conflictos, con cosas peligrosas, situaciones complicadas en las que tener cuidado con cada paso que se dé, o cada cosa que se haga, es muy importante, porque su vida puede ser puesta en peligro; cuando estamos frente al timón y nos llega la tormenta no podemos entrar en ella con indecisión. Cuando conducimos por una autopista no podemos cruzar al lado que deseamos de manera arbitraria, porque no solo nos pondremos en riesgo de accidentes, también pondremos en riesgo a todos los que nos rodean.

Para Simón, volver a estar frente al timón se convertía

en una razón de total indecisión, si debía seguir hacia adelante, mar adentro y echando las redes (para ver si en realidad podía pescar, como lo acababa de decir este hombre que pidió su barca, Jesús) o sencillamente, que de forma rápida debía volver a tierra e ir a casa a descansar como lo había planeado, haciendo de cuenta que nada había pasado.

En su cuerpo había agotamiento, estaba cansado, había pasado toda la noche en su dura y difícil tarea de pescar, con el triste resultado de esfuerzos que fueron en vano (no pescaron nada). Sé que fueron momentos de mucha agonía por estar frente a una situación complicada y de indecisión.

"¿Será que avanzó y echó las redes para ver si pesco o renuncio a avanzar?", —Seguramente se preguntaba—. Es posible que Simón en lo profundo de su corazón pudiera estar pidiendo que algún pescador de mayor experiencia llegara en ese momento y le aconsejara lo que más le convenía hacer: avanzar o no.

Los segundos pasaban rápidamente convirtiéndose en minutos y los minutos en horas. Su decisión era *ya o ya*. La multitud estaba a la expectativa, acababan de escuchar un poderoso mensaje, que muy seguramente los dejó retados y con ganas de algo más, entonces, quizás para ellos no tendría sentido que después de que Jesús se dejara ver de esta manera, con tan poderosa enseñanza, ahora los pescadores no quisieran aceptar semejante desafío.

Era un reto inesperado que los promovía a algo nuevo. ¿O será que todo sería un fiasco, una ilusión, algo emocional que los engañaba para solo perder más el tiempo? Pues toda la noche trabajaron y trabajaron tratando de pescar sin alcanzar resultados positivos. ¡Qué tremenda indecisión!

Ellos traían un estilo, una forma diferente de pescar, tenían su tradicional y única manera de echar la red; la propuesta del hombre que entró en su barca lo cambiaba todo: se removía su piso, las bases de lo que ellos conocían y entendían flaqueaban, pero una cosa era lo que la multitud creyera y quisiera, y otra muy diferente lo que Simón pensaba en ese momento frente al timón; no era una experiencia cualquiera ni mucho menos conocida o familiar.

Si su decisión era regresar a tierra firme, sencillamente, todo seguiría igual, nada nuevo hubiera sucedido, lo único diferente, sería aquel hombre que hablaba bonito, y que pidió su barca para sentarse en ella y dar un buen discurso; pero si aceptaba la propuesta y se tomaba el tiempo para probar algo diferente, tendría la oportunidad de conocer cuál sería el resultado de haber probado algo nuevo, además, conocería una manera nueva de hacer las cosas y podría ver los resultados de su obediencia. Frente al timón se necesita tener la actitud idónea.

Actitud correcta

Frente al timón solamente se podrá tener una actitud que nos ayude a estabilizar y a navegar firmes, que nos llevará a navegar con estabilidad y seguridad. ¡En obediencia y determinación! Para muchos, estar frente al timón en medio de una tormenta se convierte en un vértigo permanente, para otros es solo algo temporal, sea como sea el caso, causa gran daño la desestabilización, por tal motivo urge tener una actitud correcta.

¿Qué actitud tenemos frente al timón? Podríamos decir que debe ser una actitud de determinación y obediencia (podríamos añadir más características), y cuando no hay determinación y obediencia, solo tendremos un timón inclinado a la inestabilidad, a las pesadillas, al acostar y al levantar rutinario, al diario vivir, al pan de cada día, así estaremos navegando mucho tiempo hasta que tengamos la actitud correcta: la determinación de querer un cambio y total obediencia a lo que el Señor nos pide.

Romanos 12:2 nos exhorta en este sentido: **"No os conforméis a este siglo, sino transformaos por medio de la renovación de vuestro entendimiento, para que comprobéis cuál sea la buena voluntad de Dios, agradable y perfecta"**. Cuando tenemos la actitud correcta, no solo experimentaremos cambios en nosotros, conoceremos a donde apuntan los buenos deseos de Dios para nosotros sus hijos, trabajaremos en un navegar seguro, guiado por Él, para darnos un final bendecido. No nos quedemos frente al timón sin dirección, bajo la incertidumbre y la inestabilidad; tengamos la actitud correcta, y para ello frente al timón también se necesita fe genuina.

Fe genuina

Mucho se habla de ella en la Biblia, en medio de los cristianos; en los mensajes, conferencias, en las cruzadas o campañas; al visitar a los privados de la libertad en las cárceles; a los enfermos en las clínicas y hospitales, y en las reuniones familiares, pero a la hora de estar frente al timón pocos usan su fe, les piden a otros que crean por ellos, que pidan e intercedan por ellos, porque Dios oye a los otros más que a ellos.

En Lucas 5:5 se nos cuenta que Simón le dijo al

Maestro: **"toda la noche hemos estado trabajando, y nada hemos pescado"**. En el corto argumento que le plantea Simón al Señor, deja ver su indecisión frente al timón, su inestabilidad, su conflicto. Frente a un timón sin dirección se habla con un lenguaje de fracaso, derrota, intranquilidad; todo se pone en duda, la fe desaparece, se desconoce su significado, porque el fracaso, la frustración, los golpes, la inestabilidad y todos esos sucesos que han sido negativos parecen más fuertes.

En otra historia revelada en la Biblia se nos cuenta así: Jesús, iba dormido en la barca sobre un cabezal y se levantó una gran tempestad de viento, y echaba las olas en la barca, como queriéndola hundir, entonces asustados despertaron a Jesús, quien reprendió al viento y cayó el mar; luego Jesús los exhortó diciéndoles ¿Por qué estáis así amedrentados? ¿Cómo no tenéis fe? (Marcos 4: 35-41)

Si no usamos el lenguaje de la fe, nuestra queja se hará notoria, y nos mantendremos frente al timón sin dirección. No permitamos que los retos, las provocaciones, las circunstancias, las tempestades, se conviertan en los miedos, las inestabilidades, los conflictos, en lo complicado, porque nos amarrarán a un timón sin dirección. Recuerden, mis queridos lectores, que Pedro vio a Jesús andando sobre la tormenta y le pidió palabra para ir a Él, caminando hacia el Señor se distrajo (el clima, la tormenta, el mar embravecido), por ello su fe se debilitó y dejó de mirar a Jesús, perdiendo su dirección. Mantengamos el enfoque, pues mirándolo es como nuestra fe se mantiene genuina, porque estaremos conectados con Él.

No podremos salir de tierra firme y bogar mar adentro sin el debido cuidado de llevar en la barca la mejor disposición, un rumbo claro y, por supuesto, las redes listas para trabajos fortuitos, pescas inesperadas, para que nada nos tome por sorpresa, no podemos salir con los ojos vendados.

Lo único que tenemos que hacer es no dejar de mirarlo a Él, porque cuando se tiene un concepto errado de la vida, de hacia dónde apunta la vida, se estará viviendo en lo incierto, en afanes o en una pasividad dañina, se creerá que el dinero, los títulos, lo material, es todo para nosotros. Aún hay tiempo para empezar a navegar con Él, tomar su mano, que traerá estabilidad a nuestras barcas. Tomemos la palabra y ejecutémosla, **llamemos lo que no es como si fuera**.

No queremos despertar en ninguno de nuestros lectores falsas expectativas o crearles sueños que no sean de Dios, "ilusiones"; tenemos claro que a lo largo de nuestro navegar surgirán muchas preguntas de las que muchas no tendrán respuestas, así como misterios que quizás no se resuelvan debajo de la luz de cada día, incluso algunas dudas que no tendrán resolución inmediata, pero tenemos algo que en nuestro navegar supera todos los obstáculos y está dispuesto para ayudarnos: ¡Cristo!, nuestra zona segura, estable, quien se dispuso y atravesó con firmeza toda tormenta por nosotros, puesto los ojos en su Padre, con amor profundo hacia nosotros. No importa qué tan peligroso o riesgoso sea nuestro navegar, si tenemos los ojos puestos en Jesús, entonces sabremos que estamos en una zona segura.

A nivel mundial, hace poco acabamos de cruzar por una tormenta llamada pandemia, que en nuestro país comenzó en el año 2020, en algunos países asiáticos, su comienzo fue en el 2019, situación que, a la fecha de hoy, inicios del 2023, generó estragos, y aún se siguen viendo estragos pospandémicos, secuelas, coletazos de lo que fue esta tormenta para el mundo.

Podemos decirles a nuestros lectores, que los que decididamente tomamos la mano de Cristo, hoy somos los sobrevivientes, con los que nuestro Padre celestial seguirá desarrollando visión, vida de reino, usándonos como instrumentos adecuados para llevar a otros a sus pies, y en esta segunda oportunidad de vida, solo nos queda mantenernos enfocados en Él.

No somos una generación que es arrastrada por los diferentes vientos de doctrinas que están golpeando con fuerza desproporcionada para debilitar y destruir a los desnutridos y faltos de palabra; no somos de aquellos que hablan de Cristo, dicen creer en Dios, pero no le creen a Él; enseñan sobre la fe, pero es ausente en ellos. En Lucas 10:40-42, Jesús tuvo que hablarle a Martha con autoridad para centrarla:

> Pero Marta se preocupaba con muchos quehaceres, y acercándose, dijo: Señor, ¿no te da cuidado que mi hermana me deje servir sola? Dile, pues, que me ayude. Respondiendo Jesús, le dijo: Marta, Marta, afanada y turbada estás con muchas cosas. Pero solo una cosa es necesaria; y María ha escogido la buena parte, la cual no le será quitada.

Cuando no tenemos clara nuestra posición en Cristo, estaremos navegando con el timón inclinado a los afanes, turbados con las circunstancias que aparentan ahogarnos, anularnos y abrumarnos con el trabajo que nos presenta la vida. Solo nos falta poner verdaderamente nuestros ojos en el Señor, y a sus pies caminar por el camino que ya trazó para nosotros. No sigamos en las quejas, murmurando, desanimando a los que vienen creciendo.

Muchos al igual que Martha, por su trabajo, por sus labores, por estar sirviendo sin conciencia de lo que hacen —porque lo que hacen es servir por servir—, se desestabilizan y pierden el control de las cosas, la paz se aleja de ellos. En la barca, frente al timón, Simón también se desestabilizó por un momento ante la propuesta de Jesús y le dijo al Maestro: **"toda la noche hemos estado trabajando, y nada hemos pescado"** (Lucas 5:5).

Nosotros igualmente podríamos hacer el mismo comentario: *si no pudimos pescar como lo aprendimos, ¿acaso pescaremos algo ahora?* Pero la voz del Señor está por encima de cualquier duda que podamos tener, de cualquier tiempo que podamos estar viviendo, de las redes que quedaron vacías; va por encima de lo que grite la temporada o lo que digan los demás.

Capítulo 7
Un desafío llamado obediencia

Queremos recalcarles que cuando no sabemos de dónde viene el viento y hacia dónde sopla, perder la orientación y errar se hará muy fácil, por eso nos urge estar enfocados sin distracciones para no salirnos del plan de Dios.

Hoy día, la ingratitud se apoderó de los corazones de muchos, pero cuando tenemos la capacidad de ser agradecidos con el Señor, los sueños y deseos del corazón resucitan, y las promesas más grandes tendrán cumplimiento. Si volvemos al pasaje bíblico que inspiró este libro leemos: **"Cuando terminó de hablar, dijo a Simón: Boga mar adentro, y echad vuestras redes para pescar"** (Lucas 5:4), notamos que se le está ordenando tomar acciones concretas para alcanzar su meta.

Qué difícil es tomar decisiones y obedecer a una propuesta, un trabajo, una orden o un desafío cuando se acaba de vivir una mala experiencia, precisamente, en lo que se nos está pidiendo. Creo que es muy frustrante invertir toda una noche trabajando repetidamente, fuertemente, lanzar las redes al mar y que todos los intentos sean en vano (solo se veían salir las redes vacías).

Sin duda alguna, los que caminamos bajo la dirección de Dios, lo hacemos cubiertos de su total cobertura, esto hace que Él responda por cada uno de nosotros, dándonos el final que corresponde. Nosotros sabemos que muchas son las cosas que nos impiden avanzar en el camino que la vida nos presenta, la peor de ellas es la falta de dirección y guía de la palabra, porque al no tenerla nos podemos hacer esclavos del conocimiento que tienen otros.

Creemos que situaciones como estas secuestran el corazón y los pensamientos de los pescadores, amenazando sus sueños e intimidándolos, cercenando el deseo de volverlo a intentar. La vida de cada cristiano cruza por diferentes etapas que vienen del pasado y terminan en el futuro, pero se centran en el presente, así que aquello que vives hoy influenciará tu mañana; sin embargo, los conceptos de los hombres siempre se quedan en conceptos que no trascienden, pero lo que nos dice el Señor, su palabra, nunca pasará.

Lo que Él nos dice es palabra segura, la propuesta de Jesús fue **bogar mar adentro, y echar las redes para pescar**; la respuesta del pescador Simón fue: **"Maestro, toda la noche hemos estado trabajando, y nada hemos pescado"**.

Muchos, al igual que Simón el pescador, estarán en una situación apretada, para ellos no será una respuesta fácil de dar (así como tampoco parecerán fáciles los siguientes pasos a seguir). Y como dijimos ya, creemos que, muy seguramente, Simón pedía a gritos en su corazón que llegara prontamente un pescador más experimentado que él para que le aconsejara lo que debía hacer.

Claramente podemos observar que Simón Pedro se puso en modo: "obediencia a prueba". Y ese es el siguiente punto para desarrollar.

Obediencia a prueba

Pocos conocen que, al pronunciar la palabra de Dios en el mundo espiritual, se accionarán las cosas que vienen del Señor para que las podamos disfrutar en el mundo natural. Saber esto nos ayudará a caminar en obediencia, y obedecer al Señor es ir en la dirección correcta, desarrollando la tarea correcta, en el tiempo correcto y su perfecta voluntad; esto ayudará a que nuestras redes no vuelvan a estar vacías. ¿Qué pone a prueba nuestra obediencia?

El desconocimiento de la palabra es uno de los principales motivos para que obedecer se convierta en un problema, dicho de otra manera, eso sería: *la desobediencia es el desconocimiento de la palabra, de la voz del consejo, de una orden, de un mandato, es la falta de la palabra*. No cabe duda de que uno de los principios más importantes para ser afín con el Señor y así caminar con Él en completa armonía, es el que podamos someternos en total obediencia.

Las cosas fáciles estarán siempre a la mano de todo aquel que disponga de ellas, pero las cosas no comunes ni fáciles, las que nadie nos puede dar, vendrán por obediencia y fe. Dios es el más interesado en que caminemos en obediencia, usando bien el tiempo, Él no nos mira desde el cielo para ver si desobedecemos y tiramos la vida al basurero para luego castigarnos, solo quiere que caminemos en obediencia y aprovechando bien el tiempo.

Oír a Dios no está en que seas muy espiritual, no está en tu espiritualidad, lo oyes por tu capacidad de obediencia, entre más obediencia, se afinarán más tus oídos, como lo vemos en el versículo: **"Maestro, toda la noche hemos estado trabajando, y nada hemos pescado; mas en**

tu palabra echaré la red". Entendamos que, aunque hayamos caído en situaciones en donde nos sentimos sin esperanza y sin poder ver el norte, confiar y obedecerle a Él, será siempre nuestra respuesta, nuestra solución. ¿Acaso no tenemos a Dios?

Todas las quejas, decepciones, frustraciones, murmuraciones y muchas cosas más vienen cuando desconocemos o dudamos de la existencia del poder de nuestro Dios. Nos queda hacer uso de la obediencia y **echar la red en su nombre.** Simón dio pasos de obediencia por su convicción.

Obediencia por convicción

A Simón lo convenció la palabra que salió de la boca de Jesús. No todo creyente cumple con lo que ya está escrito, si estamos convencidos de Él por la palabra, la obediencia nunca será un problema; cuando tenemos claro lo que Dios demanda de nosotros, no podremos negarnos o vacilar ni demorar lo solicitado por Él, porque corremos el riesgo de perder o castrar el futuro.

"Mas en tu palabra echaré la red". Actuar en obediencia es sinónimo de creer en la palabra, porque si no crees en lo que te dice la palabra, no estarás navegando en su dirección, y si no tienes convicción, no tendrás determinación. Cuando actuamos en obediencia estamos indicando que estamos satisfechos con la palabra. Los hombres y mujeres convencidos no pueden sufrir el problema de la desobediencia.

No nos permitamos cojeras, si creemos obedeceremos,

y si obedecemos es por tener la convicción. Esto no es un trabalenguas ni ninguna adivinanza, dejemos que la barca bogue mar adentro, porque superaremos cualquier desafío por la obediencia; cuando no somos firmes al dar el paso de obediencia y en fe, nos quedaremos navegando en el lado incorrecto, cayendo en frustraciones e improductividades.

El deseo de Jesús era sacar a Simón de una noche de improductividad y llevarlo a un día de sobreabundancia. Comprendamos que hay una línea muy delgada entre una noche de redes vacías y un nuevo día para ver cumplimiento —y con abundancia—, es una línea llamada obediencia, y los que la practican se hacen sabios, pues el obedecer es de sabios. Cuando estamos convencidos de una verdad no podremos resistirnos a hacer lo que es correcto, esa verdad nos ayudará a tener dirección y nos guiará en todo lo que tiene que ver con el buen desarrollo de la vida, haciéndonos sabios en nuestras acciones y decisiones.

"Mirad, pues, con diligencia cómo andéis, no como necios sino como sabios" (Mateo 5:15). Esta exhortación nos motiva a que con prontitud hagamos buen uso de la sabiduría, porque hacerlo de otra forma sería actuar con rebeldía, como niños necios que no atienden la voz de sus padres. No en vano la palabra nos revela en Juan 8:32 que cuando conocemos la verdad, caminaremos libres para que todo lo que desarrollemos sea con sabiduría, y no con las torpezas que caracterizan a los mañosos y rebeldes que hacen las cosas a su antojo.

Entonces, cuando hablamos de un desafío llamado obediencia nos estamos refiriendo también a la necesidad de ser prudentes en nuestras acciones, decisiones, dichos y labores, pues estos comprometen no solo la vida propia, sino la de otros, e incluso comprometen también lugares, empresas, instituciones o cualquier otra cosa más que quizá mañana se vuelva en contra de nosotros.

"Mas en tu palabra echaré la red". Los segundos que separaron el argumento de Simón de haber trabajado toda la noche y decirle que ahora se decidía a obedecer fueron segundos de prudencia, en los que por un corto tiempo pudo evaluar los hechos, para así decidirse a hacer lo que ahora se convertía en la obediencia a una verdad declarada por ese visitante que lo invitaba a pescar de forma diferente.

Su obediencia con una acción prudente lo llevó a lanzar con efectividad sus redes de forma segura, pescando lo que en toda la noche no pudieron. Dios responde a nuestra obediencia, a los que obedecemos así no entendamos de momento lo que se nos esté pidiendo, creer en Él hará que seamos partícipes de cosas que nunca habíamos imaginado que estaban destinadas para nosotros. Podemos darnos cuenta de que lo que hizo Simón no fue para probar la suerte.

Por probar suerte

Simón no estaba jugando, no era una lotería, no lanzó los dados, no miró las cartas o el tarot, no se hizo leer la palma de las manos ni el tabaco. Las cosas trascendentales requieren un cuidado especial, y más cuando son de Dios; cuando vienen por conducto espiritual requieren atención espiritual; la voz, las órdenes y la palabra de Dios no solo demandan de nosotros discernimiento, también involucran obediencia a lo dicho espiritualmente, esto es a través de la fe, creer y creerle a Dios. El cumplimiento de su promesa se dará por nuestras acciones, cuando hacemos lo que se nos está diciendo.

Cuando se desconoce la voluntad del Señor se estará probando suerte aquí y allá, como la mujer que llevaba sufriendo 12 años de flujo de sangre, quien consultó con muchos médicos y gastó todo cuanto tenía y aun así le iba peor (Marcos 5:25-34), esto nos habla de que esa mujer probaba suerte con uno y otro médico.

Cuando tenemos su palabra y dirección, cuando es el Señor quien está dando órdenes, la barca, aunque esté en alta mar, estará pescando, es decir, aunque esté en una zona incierta, profunda, turbulenta, tendrá una buena pesca. Llegaremos a puerto seguro y no será por suerte. Cristo nos da un piso seguro, Él es nuestro fundamento.

Por asumir el reto

Nunca sabremos hasta dónde podemos llegar con lo que el Señor nos pide, hasta que no decidamos caminar en obediencia. En ese momento se activará el respaldo divino, aun cuando no veamos, ahí estarán sus manos entendidas para ayudarnos a llegar al otro lado. No todos ponen la cara, no todos llegan a decir como lo hizo Isaías oyendo al Dios trino: **"Después oí la voz del Señor, que decía: ¿A quién enviaré, y quién irá por nosotros? Entonces respondí yo: Heme aquí, envíame a mí"** (Isaías 6:8).

A muchos les cuesta aceptar los desafíos que vienen del Señor, más fácilmente recibimos o nos arriesgamos con los retos que nos hacen los hombres; lo que viene del Señor es por la línea espiritual, y lo que viene del hombre está dentro del campo natural, y en este ambiente, cuando se fracasa o se tienen pérdidas, ningún hombre las reparará, no las repondrá, ninguno responderá por nuestras pérdidas o fracasos.

Contrario a esto es lo que viene por esa línea espiritual, en donde se tiene respaldo de Dios, porque será Él quien responda tanto por nosotros como por los retos o provocaciones que nos haga; desafíos o provocaciones para hacer algo desconocido o a lo que no estamos acostumbrados.

Los que somos *barcas* obedientes, no solo cumplimos con su voluntad, también aceptamos los desafíos que Él nos hace con la mejor disposición, y entendemos que la última palabra la tiene Él, y no las circunstancias; no los jueces o abogados porque en este desafío llamado obediencia el veredicto le pertenece y será siempre de Él.

No nos resistamos a hacer lo que nos corresponde, pasar por alto lo que se nos está pidiendo sería privarnos de cosas nuevas, sus manifestaciones son únicas, nos promueven, nos enseñan, nos introducen a niveles de gloria, cambian nuestra historia y nos dejan buenos resultados.

Fuimos diseñados para cumplir y aceptar más, hagámonos un favor y no nos restemos fuerzas, no nos quitemos capacidad, no dudemos ni pensemos mal de nosotros y no confundamos lo que nos están pidiendo. Dios puso valor en nosotros, y en su momento pondrá la "z", es decir, pondrá la última letra en todo lo que Él diga.

Permitámosle al Señor entrar en nuestras barcas y que nos ayude a navegarlas, Él tiene un plan de viaje y navegación para nosotros, con una configuración ajustable que nos ayudará a mantener el equilibrio hasta en medio de las más agitadas aguas por donde naveguemos. Nuestras barcas no necesitan de tecnologías náuticas hechas por los hombres para ir mar adentro en lo espiritual, a lo imposible, lo que necesitan es la dirección de Dios.

Capítulo 8
Lo improbable hecho posible

Hace muchos años atrás (en 1995) llegamos a una iglesia (omitimos el nombre de esta) de una de nuestras hermosas ciudades de Colombia, Manizales, y en aquella primera noche de conferencia, al finalizar, mi esposa y yo comenzamos a orar por varias personas a las que el Señor nos inquietaba a llamar, a uno de ellos en específico le entregamos palabra profética (varios recibieron palabra profética).

De pronto, se nos acercó una mujer muy molesta y nos preguntó: "¿Recuerdan al primer hombre que le hablaron y le profetizaron?". Con mucha sinceridad le contestamos que no recordábamos porque fue a varios a los que el Señor les habló, entonces, señalando al hombre, con molestia, dijo que esa palabra para él era equivocada, que ella lo conocía bien y que Dios no lo usaría porque bebía licor y pasándose de copas se emborrachaba, "era un sin vergüenza y, fuera de eso, muy mujeriego".

Con amor le contestamos que Dios lo usaría como un instrumento en sus manos, "que así como lo hizo conmigo, sacándome también del licor y de ser mujeriego [porque yo, Gustavo, había vivido así, llevando una vida desordenada], así lo haría con él", y que el Señor trabajaría primero con todo lo malo que ese hombre tuviera para luego usarlo, porque como dice la palabra en 1 Corintios 1:27: **"Sino que lo necio del mundo escogió Dios, para avergonzar a los sabios; y lo débil del mundo escogió Dios, para avergonzar a lo fuerte".**

Así juzgan muchos a la ligera el proceder del Señor, no entienden cuando viene una palabra profética como esta, no les encaja en lo que ellos creen o conocen, de lo que ven o están viviendo. Sin embargo, el Señor cumple: unos pocos años después, nos enteramos de que aquel hombre entró a formar parte del equipo pastoral de su iglesia.

A Simón, quien lavaba las redes para volver a casa, Jesús le dice que bogue mar adentro y que echaran las redes para pescar. Para ellos no era el momento ni el tiempo ni la hora ni el lugar para ir a pescar, ni mucho menos era su estilo de pescar. ¿Cómo Jesús les pedía eso?, ¿por qué les profetizaba que pescarían abundantemente?, ¿por qué cambiarían las reglas de pesca? Ellos pescaban de noche, pero Jesús les mostraría que, de lo improbable, Dios, su Padre, los llevaría a lograr lo imposible.

Cuando el Señor nos dice algo, nadie tiene forma de contradecirlo, Él todo lo conoce, lo sabe y no se le escapa ni el más mínimo detalle. **Tratar de argumentar lo contrario para cambiar lo que nos dice, sería como querer quitarle lo salado al mar con una gotita de agua dulce.** Ahora bien, meditemos en esto: el Señor nunca dará una palabra para congraciarse con nadie.

Si el fluir de la palabra viene de Dios, no solo vendrá de una fuente segura, también será el mensaje adecuado, correcto, propicio; el más importante y necesario para el tiempo que se pueda estar viviendo. El Señor es inmutable, por eso, cuando de su boca sale una palabra para nuestra vida, no dudemos, solo caminemos en esa palabra porque tendremos cumplimiento de ella.

No nos dejemos arrastrar por los afanes y circunstancias que estemos viviendo, desaceleremos y vayamos a la velocidad que nos corresponde a cada uno, nada podrá traer la solución de lo que necesitamos, solo Él, y Él revelará lo que cada uno necesita, y nos convertirá en la herramienta, en el instrumento-solución que esta sociedad en constante deterioro está esperando.

En mar abierto

A la iglesia de Jesucristo le urge dejar la orilla donde ha estado tratando y tratando de pescar sin conseguirlo, y arriesgarse a ir mar adentro, hacia el mar abierto. Simón y sus compañeros, si querían pescar debían arriesgarse, salir de lo fácil; la tradición los llevó a estar pegados a la orilla, como muchos cristianos lo hacen; se quedaron en la comodidad de lo fácil, siguen en la playa. Necesitamos ser una iglesia que va mar adentro.

Los que no viven en zona costera, cuando visitan el mar usualmente se les reconoce que son del interior o zonas muy retiradas del mar porque normalmente van caminando a lo largo de la playa solo con el agua un poco arriba de los tobillos, escarbando la arena y coleccionando conchitas de mar —es así como se distraen y ganan su día—. Podemos ver que así hay muchos cristianos e iglesias, paseándose solo por las orillas, distraídos con cualquier cosa, recogiendo "conchitas de mar", y que no se arriesgan a pescar con sus redes mar abierto.

Estos cristianos o iglesias recogen lo que todos recogen, pescan lo que otros ya han pescado. No ganan almas nuevas para Cristo porque es más fácil echar las redes a la orilla, es decir: es más fácil pescar de otras iglesias (a la orilla), que buscar pescar a los perdidos, los no alcanzados. Cuando lanzamos las redes a la orilla saldrán vacías, porque nadie pesca lo que ya se ha pescado, lo que estaremos haciendo es sacarles los peces a otros.

Muchas iglesias tienen redes improductivas, las cargan en sus barcas, pero sin uso, no se arriesgan a ir mar abierto; y cuando no se usan las redes, se irá perdiendo la efectividad en la evangelización, no se estarán renovando las iglesias, no se podrá enseñar el poder del evangelio a una generación ya alcanzada, que se acomodó, se familiarizó y se acostumbró a estar en la orilla de las playas, donde todo se volvió rutina y la enseñanza es solo un mensaje más de los tantos que han recibido y seguirán recibiendo.

Este tipo de iglesias tendrá la oportunidad de crecer por la palabra y desarrollar ministerios (se benefician solo ellos con la palabra), pero se estarán privando de alcanzar a otros que no conocen a Cristo ni han experimentado el poder de su palabra, por estar a la orilla, por estar en tierra lavando sus redes, en vez de estar buscando alcanzar a los no alcanzados, no van mar adentro, no se arriesgan a ir mar abierto.

No nos quedemos en la playa recogiendo conchitas, no sigamos acumulando para guardar y guardar, es hora de dar de lo que hemos recibido. Muchos esperan por ti mar adentro, porque lo que allí está reservado para cada uno no lo encontraremos a la orilla, encendamos los motores de la barca y zarpemos para ir a mar abierto en busca de hacer la voluntad del Señor, ya que muchos esperan por los que tenemos redes activas.

Y así como a Simón nos acontecerá: **"... toda la noche hemos estado trabajando, y nada hemos pescado; mas en tu palabra echaré la red. Y habiéndolo hecho, encerraron gran cantidad de peces, y su red se rompía"** (Lucas 5:5-6).

No llevemos la razón

Pocos copian el lenguaje que los invita a dar pasos de fe, a ir mar abierto, a lo desconocido, a lo no experimentado; les gustan las orillas, la playa, aferrarse a lo conocido; arriesgar les produce miedo, dudas. En el mar adentro, Jesucristo, no está esperando a que le llevemos las conchitas de la playa ni nuestros conocimientos, métodos, estilos, costumbres o patrones, tampoco que le llevemos razonamientos, allí solo podremos llevarle nuestra fe.

No nos compliquemos llevando mar adentro los razonamientos, no podemos mirar a nuestro parecer lo que alcanzan a ver nuestros ojos, ellos están limitados, dejemos ver a los ojos de la fe, los de nuestro ser espiritual, que puedan ver lo que en lo natural no pudimos ver ni alcanzar. El Señor nos lleva en esta temporada a mar abierto, porque Él es experimentado, es un experto y se especializa en usar lo improbable para hacerlo realidad, para hacerlo posible.

La historia que leímos dice: **"... Mas en tu palabra echaré la red. Y habiéndolo hecho, encerraron gran cantidad de peces, y su red se rompía"**. Cualquier pensamiento, opinión, concepto o declaración que como hombres naturales se quiera dar en el ambiente de lo sobrenatural no tiene relevancia, porque allí es donde Dios usará lo improbable para hacerlo posible. Dice el texto: "Mas en su palabra", ninguna palabra diferente a la que Dios nos da puede tener el poder para hacer cosas sobrenaturales, entonces, dejemos que el hombre espiritual sea el que participe.

Caminemos en la dirección que Dios nos da, la conquista de esta temporada por la que cruzamos es para los que no se complican ni se enredan con los dichos de los hombres, por encima de todo está su palabra. Amados lectores, la zona donde muchos andan ya no tiene peces, allí ya no se puede pescar, es necesario aventurarse con y por Cristo a mar abierto, y así hacer su perfecta voluntad.

El texto bíblico nos dice que Simón bogó mar adentro, echó sus redes y pescó con mucha abundancia. Dios usó lo improbable para hacerlo posible. Sobre la vida de quienes están leyendo este libro viene un rompimiento que dará cumplimiento a la palabra profética que haya recibido. No demos lugar a la duda ni nos enredemos en ella porque estaremos retrasando el cumplimiento.

Dios nos trajo hasta este punto en la lectura para decirnos que veremos nuestras redes llenas. Cuando Simón declara "más en tu palabra", nos está indicando que en las estrategias del Señor se echarían las redes. La palabra del Señor tiene dirección, es palabra que describe detalladamente lo que encontraremos en nuestro mar adentro: nos da una declaración exacta de lo que tenemos que hacer y de lo que recibiremos.

Para Simón y los que estaban con él, la indicación era: *boguen mar adentro* (esto era lo que debían hacer), *y echad vuestras redes para pescar* (esto era lo que recibirían). Hoy no es diferente a como se hacía en aquella época, Dios nos dice qué hacer y qué recibiremos, lo difícil es encontrar ese remanente que está dispuesto y camina en obediencia. No seamos como quienes esperan lo fácil, aquello que les llegue a sus manos y por lo que no tienen que esforzarse para alcanzarlo.

Pensemos en esto

¿Tenemos la mejor disposición para llenar nuestra barca a la manera de Dios? Muy importante es tener la dirección y la palabra de Dios, pero igual de importante es la obediencia, de ello dependerán los resultados, y estos afectarán para bien o para mal el futuro. Recordemos que en la zona donde el Señor tenga puesta sus manos, lo que podemos hacer es obedecer, no queramos hacer por Él ni opinemos donde ya Él declaró.

No debemos cometer el mismo error que cometieron los 10 espías, quienes fueron enviados a reconocer la tierra que el Señor ya les había entregado —**tierra que fluye leche y miel**— y de la que trajeron su propia opinión, anunciando algo contrario a lo que el Señor les había declarado.

"... Mas en tu palabra echaré la red. **Y habiéndolo hecho, encerraron gran cantidad de peces, y su red se rompía**". Cuando vemos la buena calificación que recibimos después de un difícil examen, la sensación es de alivio, como cuando nos quitan un peso de encima; de igual forma fue para estos pescadores que dieron pasos de fe, aun por encima de lo que pensara u opinara la multitud que estaba allí. El haber encerrado gran cantidad de peces era su alivio, ¡no serían motivo de burlas o críticas!

Tenemos claro que estaremos pescando porque entraremos en la temporada de pesca que el Señor nos declaró: *pescar mar adentro*, que es la pesca de la abundancia.

Dirijamos nuestras barcas al lugar correcto; no permitamos dudas en el corazón, pues la historia dice que, *habiéndolo hecho, encerraron gran cantidad de peces, y su red se rompía* (no nos dice que se rompió y se escaparon los peces), esto es equilibro. La abundancia y sobreabundancia de Dios, producirá en cada uno de los que la recibimos balanza, para que así le demos gloria a Él, y no nos llenemos de orgullo por lo que se pudo lograr.

Amados lectores, la pesca para esta temporada ya fue señalada, ya ha sido determinada, aprovechemos y vayamos por una pesca segura para cada pastor junto con su iglesia, para cada familia, para todos aquellos que creen y lo desean.

Ya no más lidiar con las redes vacías, ya no más estancamientos, no más noches improductivas. ¡Somos pescadores de mar adentro! ¡Somos pescadores en el reino de Dios! Y la muchedumbre sin Cristo espera por nosotros...

Made in the USA
Middletown, DE
30 April 2023

29596439R00056